Perspectivas
Curso rápido

A1/A2

Sprachtraining Spanisch

Vokabeltrainer-App

Verfügbar für: iOS, Android und Windows Phone

Cornelsen

Perspectivas
Curso rápido

A1/A2 Sprachtraining

Im Auftrag des Verlages erarbeitet von
Araceli Vicente Álvarez, basierend auf den Bänden Perspectivas Ya A1 und Perspectivas Ya A2 Kursbuch von Araceli Vicente, Gloria Bürsgens, Jaime González und Martin Fischer, und Perspectivas Ya A1 und Perspectivas Ya A2 Sprachtraining von Carmen Mata.

Außenredaktion: Ana Calle

Verlagsredaktion: Roxana Carmona Viveros

Projektleitung: Dr. Ulrike Litters

Redaktionsleiter: Andreas Goebel

Illustration: Joaquín González Dorao

Umschlaggestaltung: Corinna Babylon

Layout und technische Umsetzung: graphitecture book & edition

www.cornelsen.de

1. Auflage, 1. Druck 2016

Alle Drucke dieser Auflage sind inhaltlich unverändert
und können im Unterricht nebeneinander verwendet werden.

Druck: APPL, aprinta Druck, Wemding

ISBN 978-3-06-024266-5

PEFC
PEFC/04-32-0928

PEFC zertifiziert
Dieses Produkt stammt aus nachhaltig bewirtschafteten Wäldern und kontrollierten Quellen
www.pefc.de

Das Wichtigste auf einen Blick

Perspectivas Curso rápido ist ein modernes kommunikatives Lehrwerk für die Erwachsenenbildung. In nur einem Band führt es bis zur Niveaustufe A2 des *Gemeinsamen europäischen Referenzrahmens*.

Das Sprachtraining

Für alle, die noch intensiver üben wollen, bietet das Sprachtraining weiterführende Übungen, die selbstständig zu Hause oder im Kurs bearbeitet werden können. Das Sprachtraining **Perspectivas Curso rápido** enthält 22 *Unidades* sowie die Lösungen zu den Übungen.

Jede **Unidad** ist gegliedert in:
- **Vocabulario**
- **Gramática**
- **Comunicación** und
- **Lectura**

In den Einheiten 1–7 findet man auch die Kategorie **Pronunciación**.

Je nach Bedarf können Schwerpunkte gesetzt und ein jeweils passendes „Lernmenü“ zusammengestellt werden.

Kleine **¡Recuerda!**- und **Aprender mejor**-Kästen mit Hinweisen zu grammatikalischen Besonderheiten bieten Hilfen zur Bewältigun der Übungen.

Audio-Dateien online
Die vertonten Hörtexte, die im Sprachtraining angeboten werden, finden Sie unter www.cornelsen.de/webcodes.

Viel Spaß und viel Erfolg beim Spanischlernen mit **Perspectivas Curso rápido** wünscht Ihnen Ihr Cornelsen-Team!

Symbole

WWW 2 Audios zum Download: Einfach auf **www.cornelsen.de/webcodes** gehen, den Webcode Cursorap-Spr aufrufen und auf den Link zu den Audioübungen klicken.

Inhaltsverzeichnis

EINHEITEN

1 ¡Hola a todos! — Seite 7

2 De tapas — Seite 12

3 Profesiones — Seite 17

4 Momentos con familia y amigos — Seite 22

5 Lugares del mundo — Seite 26

6 Escapadas de fin de semana — Seite 30

7 ¡Vaya día, qué estrés! — Seite 34

8 Tiempo libre — Seite 38

EINHEITEN

9 Viviendas — Seite 42

10 De viaje — Seite 46

11 ¡Vamos de boda! — Seite 50

12 ¿Tienes algún hobby? — Seite 54

13 Antes era diferente — Seite 58

14 Solidaridad sin fronteras — Seite 62

15 ¿A qué te dedicas? — Seite 66

16 Ser feliz, pero ¿cómo? — Seite 70

Inhaltsverzeichnis

EINHEITEN

17 Seite **74**
Nuevos horizontes

18 Seite **78**
¡Qué noticia!

19 Seite **82**
La meta es el camino

20 Seite **86**
Salud y emociones

21 Seite **90**
¡Muchas felicidades!

22 Seite **94**
Ferias e ilusiones

Lösungen Seite **98**

Hörtexte Seite **108**

Unidad 1 ¡Hola a todos!

Vocabulario

1 **Wie begrüßen sich die Personen?**
Schauen Sie die Bilder an und schreiben Sie die jeweils passende Begrüßung in die Sprechblase.

¡Buenas noches! | ¡Buenos días! | ¡Hola! | ¡Buenas tardes!

¡Hola!

a

¡Buenas noches!

b

¡Buenas tardes!

c

¡Buenos días!

d

2 **Hören Sie und kreuzen Sie an, ob sich die Personen duzen oder siezen.**

www 2

	tú	usted
1.	☐	☐
2.	☐	☐
3.	☐	☐
4.	☐	☐
5.	☐	☐

3 **Was gehört zusammen?**

1. Se b
2. Buenas d
3. Me a
4. Buenos c
5. Tú g
6. Mucho h
7. Descubrir e
8. El amigo f

a) llamo
b) llama
c) días
d) noches
e) Hispanoamérica
f) de Chile
g) también
h) gusto

4 **Schreiben Sie die Lösungen in Worten.**

2 + 3 = cinco
3 + 3 = seis
1 + 1 = dos
4 − 3 = uno
9 − 1 = ocho
7 + 2 = nueve
5 − 5 = zero
3 + 4 = siete

Pronunciación

5 **Hören Sie und ordnen Sie die Wörter den passenden Spalten zu.**

www 3

[ʧ] **ch**	[ʎ] **ll**	[ɲ] **ñ**
Chile	Mallorca	*La Coruña*
Chihuahua	Sevilla	España

[–] **h**	[r] **r**	[rr] **rr**
Honduras	Perú	
La Habana	Costa Rica	

[g] **g/gu**	[χ] **g/j**
Argentina	
Bogotá	

6a **Bringen Sie die Dialoge in die richtige Reihenfolge.**

1.
   - [2] Me llamo Carlos.
   - [3] ¿Y de dónde eres?
   - [5] No, soy de Toledo.
   - [1] ¡Hola! Yo soy María. ¿Cómo te llamas?
   - [4] Soy de Barcelona. ¿Y tú? Eres de Madrid, ¿verdad?

2.
   - [2] Mucho gusto. Me llamo Pablo Gutiérrez.
   - [1] ¡Buenas tardes! Yo soy María Sánchez. Y usted, ¿cómo se llama?
   - [4] Soy de Bilbao.
   - [3] ¿Y de dónde es usted?
   - [5] Ah, yo también soy de Bilbao.

6b **Hören Sie die Dialoge und sprechen Sie sie nach.**

www 4

Gramática

7 **Verbinden Sie die Satzhälften.**
Achten Sie auf die passenden Formen von ser.

1. ¿María y Cristina e
2. Yo f
3. Carmen d
4. ¿Vosotros c
5. Nosotros a
6. Tú h
7. Usted b
8. Vosotras g

a) somos de Cuba.
b) es el señor López, ¿verdad?
c) sois de Madrid?
d) es de Ávila.
e) son de Panamá?
f) soy Sara.
g) sois Ana y Pilar, ¿verdad?
h) eres de Barcelona.

8 Ergänzen Sie die Sätze.

Mucho gusto	soy	también	Me llamo	De dónde	cómo	de	Buenas tardes	sí

– ¡ Buenas tardes !

+ ¡Hola! ¡Buenas tardes!

– Yo soy Emilio Suárez. Y usted, ¿ cómo se llama?

+ Me llamo Penélope Moreno. Mucho gusto.

– Mucho gusto. ¿ De dónde es usted?

+ Soy de Murcia.

– ¿Ah, sí ? Yo también soy de Murcia.

9 Ordnen Sie die Wörter in die richtige Reihenfolge.

1. Yo Isabel. soy no
   Yo no soy Isabel
2. Carmen Pérez llamo Me y de también Costa Rica. soy
   Me llamo Carmen Pérez y soy de CR también ✓
3. ¿qué De es amiga país tu?
   ¿De qué país es tu amiga?
4. ¿llamas te Cómo?
   ¿Cómo te llamas?
5. Ustedes son no de ¿verdad? Alemania,
   Ustedes no son de Alemania ¿verdad?

¡RECUERDA!

Die Reflexivpronomen stehen direkt vor dem Verb. Verben und Reflexivpronomen trennen sich nie. Das **no** steht vor dem Verb.

10 Tragen Sie die Fragepronomen ein.

quién	cómo	dónde	qué

1. ¿ Cómo se llama el bar?
2. ¿ Quién es tu amigo?
3. ¿De qué país es el profesor?
4. ¿ Cómo se llama el director del hotel?
5. ¿De dónde eres?
6. ¿ Qué tal tu amiga?
7. ¿ Quién es de Suiza?
8. ¿ Quién se llama Felipe? – Yo me llamo Felipe.

11 Die betonte Silbe folgender Wörter ist fett gedruckt. Setzen Sie, wenn notwendig, einen Akzent.

coche	ciu**dad**	cate**dral**	**Puer**to **Ri**co	**Pe**rez	es**ta**	Ma**drid**
a**mi**go	informa**cion**	A**me**rica	Pe**ru**	Bogo**ta**	Portu**gal**	Pana**ma**
Cuba	ho**tel**	te**le**fono	Se**ño**ra	nos lla**ma**mos	os lla**mais**	profe**sor**

12 Ordnen Sie die Wörter den Lauten zu.

[k] [g] [χ] [r] [rr] [ʧ] [θ] [ŋ]

(r) rosa	(g) Miguel	(x) jardín	(θ) cerveza
(k) queso	(ʧ) ocho	(r) número	(θ) Zaragoza
(g) gambas	(k) casa	(ŋ) España	(rr) perro

Comunicación

13 Schauen Sie sich diese Bilder an. Schreiben Sie einen kurzen Dialog dazu. Sind die Begrüßungen formell oder informell?

① ¡Hola chicos! ¿Qué tal?
② ¡Hola! Muy bien, ¿y tú?
③ ¿Qué ~~tú~~ quieres ~~para~~ tomar?
② Una ~~cubalibre~~ también, gracias.
cuba libre
informell

¡Buenos días linda!
¡Hola! ¿Cómo fueron tus vacaciones?
¡Fabulosas!

informell

¡Buenos días! ¡Bienvenido!
¿Tuvieron una buena viaje?
¡Buenos días, gracias. Sí, fue un viaje rápido.
formell

Soy la señora
Buenos días. ~~Me llamo Lisa Pragl~~.
Mucho gusto.
Soy
Buenos días. Mucho gusto. ~~Me llamo~~
~~Pedro~~ Sánchez.
el señor
formell

14 Übersetzen Sie die Redemittel.

Ich heiße Willi Lerner, und du?
Woher bist du?
Ich bin aus Deutschland. Und du?

¿Es usted el Sr. González?
¿Usted también es de Cuba?
¿Quién es Fernando Guerra?

Lectura y redacción

APRENDER MEJOR

Manchmal helfen uns Geschichten, grammatikalische Regeln besser zu behalten. Probieren Sie es aus.

15 a Lesen Sie den Text.

Position der Wörter in der spanischen Sprache

Dies ist die Geschichte der Position einiger Wörter im Reich der spanischen Sprache. Sie handelt von der **Negation**, den **Verben** (**ser**/sein …) und den **Reflexivverben** (**llamarse**/heißen). Das Verb ist der König unter den Wörtern, aber ein König mit vielen Persönlichkeiten: mal **soy**, mal **eres**, mal **es**.

Zu seiner Verwandtschaft gehören die ein wenig eigenwilligen „Reflexivverben", z. B. **llamarse**. Diese Verben werden immer vom **Reflexivpronomen** begleitet, welches **vor dem konjugierten Verb** steht. Sie sind unzertrennlich, z. B. **Me llamo**, **Te llamas**, **Se llama** … Trennung? Undenkbar! Eine andere Reihenfolge? Niemals! Im Reich der spanischen Wörter gibt es einige Freiheiten, aber hier: Unmöglich!

Die Stimmung eines Satzes kann sehr schnell durch das kleine Wort **no** getrübt werden, z. B. „Ich lade dich zum Paellaessen (bis hierhin noch Freude) NICHT (ab hier Trübsal) ein". Um weitere Enttäuschungen zu vermeiden, wurde beschlossen, dass das **no** immer vor dem Verb stehen soll: **No soy de Guatemala.** Da meldete sich das Reflexivpronomen zu Wort. Wo soll ich stehen? Na, wie gesagt, Verb und Reflexivpronomen trennen sich nie! Also steht das **no** noch davor. **No me llamo Ana.**

15 b Schreiben Sie sich erneut die wichtigen Regeln auf.

APRENDER MEJOR

Wortwörtliche Übersetzungen ins Deutsche helfen uns, die spanische Wortstellung zu lernen.

15 c Wie wurden diese Sätze auf Deutsch nach der spanischen Satzstellung heißen?

Ejemplo: *Yo no me llamo Carmen. Ich nicht mich rufe Carmen.*

1. (Nosotros) No somos de Alemania. Nicht sind aus Deutschland
2. La señora Inma no es famosa. Die Frau Inma nicht ist berühmt.
3. No, no soy de Venezuela. Nein, nicht bin aus Venezuela.
4. No son de una ciudad famosa. Nicht sind aus einer ~~berüh~~ Stadt berühmt.

Unidad 2: De tapas

Vocabulario

1 **Hören Sie die Dialoge. Was antworten die Personen? Ergänzen Sie.**

www 5

1

– ¡Hola, Rebeca! ¿Qué tal?

+ Pues _como siempre_. ¿Y tú?

– ________________. Mira, este es Markus, un amigo de Berlín.

+ Hola, ________________.

3

– ¡Hola, Miriam!

+ ¡Hombre, Antonio! ¿Qué tal?

– Bien, bien, ¿y tú? ________________

+ Pues yo, ________________, ¿sabes? Es que …

2

+ Buenos días, Elvira.

– ________________, doctor Medina.

+ Bueno, a ver … ¿cómo está hoy?

– Pues ____________, ________________.

4

– ¡Buenas tardes, señora Vargas! ¿Cómo está?

+ ________________. ¿Y usted?

– Pues bien, pero con mucho trabajo, ________________.

2 **Suchen Sie den „Eindringling"! Streichen Sie das Wort, das nicht in die Reihe passt.**

1. tortilla – ~~agua~~ – croqueta – empanadilla – aceitunas
2. gambas – pulpo – ~~aceitunas~~ – calamares – mejillones
3. vino blanco – zumo – caña – vino tinto – cerveza
4. jamón – boquerón – mejillón – ~~ración~~ – champiñón

Sardelle Portion

3 **Ordnen Sie zu.**

Así, así … ¿Qué tal? ¡Hombre! ¡Hasta la próxima! ¡Hola a todos! ¡Hasta luego! Bueno, ¡hasta mañana! Mucho gusto. ¡Adiós! ¡Chao! Buenos días. ¿Cómo estáis? Este es Miguel. ¡Hola! Bastante bien. Regular.

Begrüßung/Vorstellen	Verabschiedung	Befinden
~~Bueno~~ ¡Hola a todos!	¡Hasta la próxima!	Así así
¡Hombre!	¡Hasta luego!	¿Qué tal?
~~¡Chao!~~	¡Bueno, hasta mañana!	¿Cómo estáis?
¡Buenos días!	¡Adiós!	Bastante bien.
¡Hola!	¡Chao!	Regular.
Mucho gusto.		
Este es Miguel.		

4 Heute spielen wir Memory. Was bedeutet …?

1 nächstes Mal	7 no sé	8 ahora	4 heute	5 hören Sie	10 pero
2 mira	5 oiga	9 gut	11 bastante	2 schau mal	4 hoy
12 danke	3 hör mal	3 oye	6 vale	7 ich weiß nicht	9 bien
6 OK	1 la próxima vez	10 aber	12 gracias	8 jetzt	11 ziemlich

5 Beber y comer. Finden Sie acht tapas bzw. Getränke.

B	G	B	S	I	D	S	F	Y
Z	A	N	E	N	M	A	O	U
R	R	Q	T	H	J	U	K	Q
C	M	U	R	A	P	C	J	A
A	C	E	I	T	U	N	A	S
F	H	S	V	M	L	E	M	E
E	O	O	S	I	P	D	O	F
W	R	N	G	K	O	P	N	R
V	I	N	O	T	I	N	T	O
A	Z	U	M	O	R	T	D	T
T	O	E	R	W	N	U	E	I

el Chorizo
el Vino tinto
las Aceitunas
el Zumo
el Jamón
el Queso
el Pulpo
el café

Pronunciación

6 **El sonido [ʧ] ch** **Typisch spanische Laute.**
Hören Sie und sprechen Sie nach. Kennen Sie weitere Wörter? Schreiben Sie sie auf.

www 6

[ʧa] cha  chico *champiñones* charla chicle

[ʧe] che  *leche*

[ʧi] chi  *salchicha*

[ʧo] cho  *chocolate*

[ʧu] chu  *churro*

Gramática

7 **Ergänzen Sie die bestimmten Artikel im Singular oder Plural.**

la información	la cafetería	los bares
el señor	los pinchos	la ciudad
el jamón	el vino	las empanadillas
los euros	los calamares	el agua

8 **Notieren Sie jetzt den Plural folgender Nomen.**

el aperitivo	*los aperitivos*	el país	los países
una aceituna	unas aceitunas	la universidad	las universidades
el camarero	los camareros	una caña	unas cañas
un bar	unos bares	la familia	las familias
una tortilla	unas tortillas	una tapa	unas tapas

9 **Welche Verbformen fehlen? Ergänzen Sie die Sätze mit der passenden Form von tomar, invitar, pagar, llegar, comer und beber.**

1. + Lucía, ¿tomamos (nosotros) unas tapas en «El Mesón»? Hoy pago yo.
   – ¡Vale!
2. + Daniel, ¿tú tomas / bebes vino tinto?
   – No, no, yo no bebo / tomo vino, bebo ~~bebo~~ tomo una caña, como siempre.
3. + Oye, y vosotros en México, ¿también coméis tapas? tomáis
   – Sí, también comemos tapas. Se llaman «botanas».
4. + ¿Y ustedes, toman otra caña?
   – No, no, gracias. llegamos (nosotros) tarde al aeropuerto.
5. En España, la gente comen tapas de aperitivo y beben un vino o una cerveza.
6. + Es un poco tarde. Pago yo, ¿vale?
   – No, no, otra vez tú no, ahora pagamos nosotros.
7. + Kerstin, ¿no comes pulpo? Está muy bueno …
   – No, gracias, ahora no como nada más.

10 Schreiben Sie wie im Beispiel.

1. 18 / ciudad – *dieciocho ciudades*
2. 11 / país – once países
3. 15 / euro – cinco euros
4. 20 / café – veinte cafés
5. 13 / ración – trece raciones
6. 16 / cerveza – dieciseis cervezas

11 Ser oder estar? Kreuzen Sie die passenden Formen an.

1. + Mira, esta ☐ está / ☒ es Marion, una amiga de Alemania.
   – Y este, ¿quién ☒ es / ☐ está?
   + ☒ Es / ☐ Está Pepe.
2. + ¿Qué tal ☒ estás / ☐ eres?
3. + El jamón ☐ está / ☒ es para mí.
   – Y los boquerones ☒ son / ☐ están para mí.
4. + Mira qué fotos más bonitas. ¿Qué ☒ es / ☐ está el número seis?
   – ¿El número 6? ☒ Son / ☐ Están gambas.
5. + ¿Cuánto ☐ está / ☒ es? – ☐ Están / ☒ Son doce euros.
6. + ¿De dónde ☐ está / ☒ es usted? – ¿Yo? Yo ☐ estoy / ☒ soy de La Paz.
7. + ¿Cómo ☒ están / ☐ son los niños? – ☒ Están / ☐ Son bien, gracias.

Comunicación

12 Welche Sätze gehören zusammen? Verbinden Sie.

1. ¿Qué tal estás? e
2. Mira, este es Sergio, un compañero. c
3. ¡Hasta luego! d
4. Oye, ¿qué es esto? a
5. ¿Qué van a tomar? b
6. Son 8 euros, por favor. f

a) Patatas bravas.
b) Para mí, una caña.
c) Hola, mucho gusto.
d) Adiós, hasta mañana.
e) Bien, bien. ¿Y tú?
f) Aquí tiene.

13 Was sagen Sie, wenn …

1. … Sie sich von Ihren Kollegen zum Feierabend verabschieden?
2. … Sie Ihre/n Kursleiter/in am Anfang des Unterrichts begrüßen?
3. … Sie Roberto ihrem Freund Manuel und ihrer Freundin Marta vorstellen.
4. … Sie zufällig Bekannte in einer Tapasbar treffen?
5. … Sie in einer Tapasbar ein Bier und Oliven bestellen möchten?
6. … Sie in einer Bar bezahlen wollen?

Lectura y redacción

14 a Was bestellen die Leute? Was würden Sie gerne bestellen?

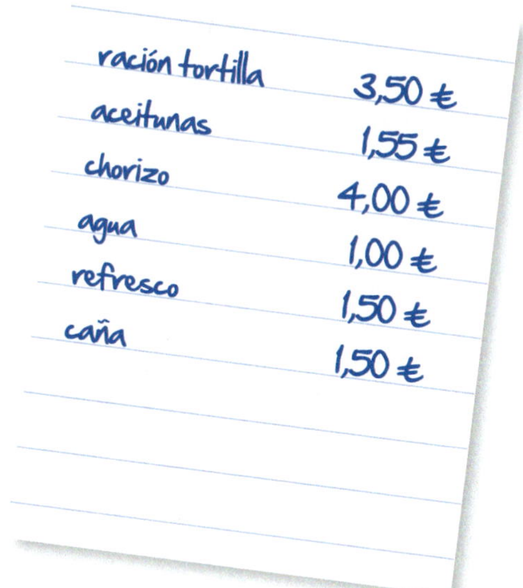

14 b Wieviel ist alles zusammen? Schreiben Sie die Zahl aus.

trece euros y cinco centimos

15 a Lesen Sie die Überschriften.

Crisis en la gastronomía española.
Los españoles no comen en restaurantes.

15 b Sind die Aussagen falsch oder richtig?

	Richtig	Falsch
1. Die besten Tapas in Granada bekommt man in der Bar Madrid.	☐	☒
2. Die Tapas kosten heute nur zwei Euro.	☒	☐
3. Es gibt kein Bier für 1,50 Euro.	☐	☒
4. Die Spanier gehen trotz der Krise viel aus.	☐	☒

Unidad 3: Profesiones

Vocabulario

1 **Ergänzen Sie die männliche bzw. die weibliche Form.**

1. el profesor – *la profesora*
2. el médico – la médica
3. el enfermero – la enfermera
4. el vendedor – la vendedora
5. los estudiantes – las estudiantes
6. los arquitectos – las arquitectas
7. los empleados – las empleadas
8. los taxistas – las taxistas

2 **Ordnen Sie die Berufe den Fotos zu und schreiben Sie sechs Sätze. Wer macht was?**

1 Pilar | 2 La Sra. Hausmann | 3 Manuel | 4 Luis | 5 El Sr. Marcos | 6 Enrique Solana

Ejemplo:
Pilar es enfermera.

[f] representante
[c] peluquero/-a
[e] dentista
[b] profesor/a
[a] enfermero/-a
[d] camarero/-a

a

b

c

d

e
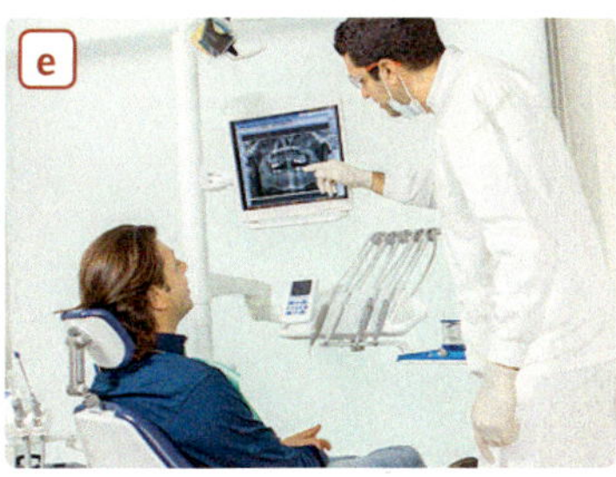
f

3 a **Ordnen Sie die Orte den Fotos zu.**

[c] la peluquería [d] el taller [a] la tienda [b] la farmacia

a

b

c

d

3 b **Wer arbeitet wo? Schreiben Sie Sätze.**

Ejemplo: *Pablo es mecánico. Trabaja en …*

1. Pablo es mecánico.
2. Julieta y Manolo son farmacéuticos.
3. Guillermo es peluquero.
4. Nosotras somos vendedoras.

4a **Zahlengruppen. Schreiben Sie aus.**

2	6	5	7
12	16	15	17
22	66	55	77

APRENDER MEJOR

Wortwörtliche Übersetzungen ins Deutsche helfen uns, die spanische Wortstellung zu lernen.

4b **Lesen Sie die Zahlen laut vor. Schreiben Sie sie in der umgekehrten Reihenfolge aus.**

34 – *43 cuarenta y tres*

67 – 76

15 –

21 –

92 –

19 –

84 –

75 –

49 –

53 –

5 **Beantworten Sie folgende Fragen.**

1. ¿Cuántos habitantes tiene su país?
2. ¿Cuántos habitantes tiene la ciudad donde vive?
3. ¿Qué número tiene su casa?
4. ¿Qué números tiene la matrícula (*Kennzeichen*) de su coche?
   RW HY 156
5. ¿Cuál es su número de teléfono fijo? ¿Y el del móvil? (Festnetz)
6. ¿Cuál es el número al que usted más llama (de una amiga, familia, etc.)?

Pronunciación

6 **Lesen Sie den Satz und sprechen Sie ihn dann gemeinsam so schnell Sie können. Achten Sie auf die deutliche Aussprache von -e am Wortende.**

La cantante de Alicante y el representante de Benavente están en el restaurante con el estudiante de Saliente.

7 a Kreuzen Sie an, welcher der beiden Laute in den Wörtern vorkommt.

	[k]	[θ]
1. médico	☒	☐
2. centro	☐	☒
3. fábrica	☒	☐
4. cero	☐	☒
5. cine	☐	☒
6. secretaria	☒	☐
7. ¿cómo?	☒	☐
8. cuatro	☒	☐
9. ciudad	☐	☒
10. camarero	☒	☐
11. música	☒	☐
12. ¿qué?	☒	☐

7 b Hören Sie und überprüfen Sie Ihre Angaben.

www 7

Gramática

8 Ergänzen Sie die Sätze.

universidad | de | Me llamo | en | Soy | son | Vivo | profesora | estudiantes | trabajo

1. Me llamo Giorgio Ferretti. Vivo en Roma. Soy enfermero, y ahora no tengo trabajo.
2. Amélie es de Francia. Vive en Aviñón. Es profesora de francés y trabaja en la universidad.
3. Ilana y Jan son de Polonia. Son estudiantes y viven en Cracovia.

9 Ergänzen Sie mit den passenden Formen von trabajar, tomar, vivir oder escribir.

1. ¿Dónde trabajáis vosotros? ¿En el hospital de San Juan?
2. Lola y yo vivimos cerca de Madrid.
3. Manuel y Natalia son periodistas. escriben para el periódico *El Mundo*.
4. No tomo vino. Yo ahora tomo un café.
5. Jorge escribe un *e-mail*.
6. La Sra. Ramos trabaja en una oficina.
7. ¿Tú trabajas en el bar Cumbia?
8. Lola vive en Barcelona y trabaja en un bar.
9. Y vosotros, ¿Tomáis tortilla también?
10. ¿En qué trabajan ustedes?

10 Schreiben Sie Sätze.

Yo		en el centro.
Tú	(no) escribir	en una empresa.
Alicia	(no) vivir	móvil.
Nosotros	(no) tener	teléfono.
Vosotros	(no) ser	un e-mail.
María y Jorge	(no) trabajar	empleado/-a.
Adriana y Carmen		ingenieros/-as.

11 Vervollständigen Sie mit folgenden Präpositionen.

en | de | por | para | con | por | hasta

> **¡RECUERDA!**
>
> **en casa**, **de casa** immer ohne Artikel

1. Trabaja ______ el taller de Don José.
2. Esta es la oficina ______ márketing.
3. Nosotras vivimos ______ Madrid, pero somos ______ Toledo.
4. Mis compañeros ______ trabajo son muy simpáticos.
5. ¿______ qué trabaja Esteban?
6. Soy profesora y trabajo ______ la Universidad ______ Buenos Aires.
7. Soy ama ______ casa y ______ eso trabajo ______ casa.
8. ______ mí, un café ______ leche, ______ favor.
9. Bueno, ______ mañana.
10. La farmacia está cerca ______ la plaza.
11. Escribo algo ______ ti.

Comunicación

12 Hören Sie und kreuzen Sie an, welche Nummer genannt wird.

WWW 8

1. ☒ 12 ☐ 2
2. ☐ 886706 ☒ 887606
3. ☐ 82 ☒ 28
4. ☐ 0664 7689321 ☒ 664 7698321

13 Hören und verbinden Sie die Zahlen in der Reihenfolge ihrer Nennung. Was stellen die Umrisse der Zeichnung dar?

WWW 9

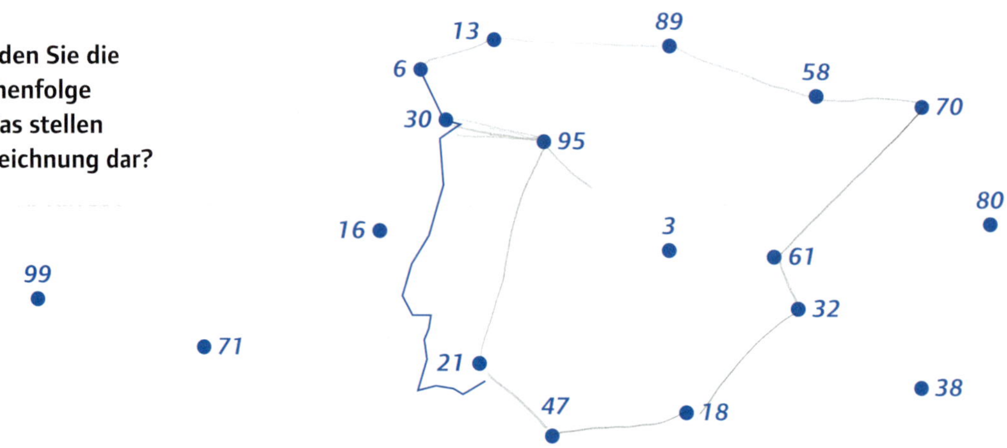

14 Welcher Satz ist richtig? Kreuzen Sie an.

1. [x] ¿En qué trabajas? [ ] ¿En cómo trabajas? [ ] ¿En quién trabajas?
2. [ ] Vivo con Berlín. [x] Vivo en Berlín. [ ] Vivo de Berlín.
3. [ ] Pepe es el amigo para el actor. [x] Pepe es el amigo del actor. [ ] Pepe es el amigo de la actor.
4. [ ] Estoy cantante y trabajo en Perú. [ ] Soy cantante y trabajo de Perú. [x] Soy cantante y trabajo en Perú.
5. [ ] No tengo de móvil. [x] No tengo móvil. [ ] No tieno móvil

15 Sie sind Reporter und interviewen die Person auf dem Foto:

– Stellen Sie sich vor.
– Fragen Sie, ob er etwas essen will.
– Erkundigen Sie sich nach: Name, Beruf, Wohnort, Telefonnummer.

Lectura

16 Sie blättern in einer spanischen Zeitung und lesen folgende Anzeige. Sie können diese Fragen bestimmt beantworten.

1. Was wird gesucht? una secretaria
2. Wo ist der Arbeitsort? en Madrid
3. Welche Sprache bzw. Sprachen werden verlangt? inglés y portugués
4. Welche Kenntnisse werden noch vorausgesetzt? 3 años de experiencia, office

Ofertas de trabajo: Administración – Secretariado – Madrid

http://www.trabajando.com/secretaria/madrid/015248.html

Empleo Empresas Formación Entrar

trabajando.com *Regístrate gratis*

Estás en Inicio > Adc Recursos Humanos, S.L. > Secretaria/o

Oferta: Secretaria

Requisitos deseados:

- Al menos 3 años de experiencia
- Nivel alto de Office (Word / Excel / PowerPoint)
- Buen nivel de inglés y portugués

Provincia del puesto vacante: Madrid

Tipo de jornada laboral: Jornada completa.

Unidad 4: Momentos con familia y amigos

Vocabulario

1 **Welche Aktivitäten gehören zu folgenden Kategorien? Machen Sie eine Tabelle in Ihrem Heft und notieren Sie ~~die~~ Wörter in die entsprechenden Spalten: deporte, comida, música, relax. Ergänzen Sie noch ein weiteres Beispiel in jeder Kategorie.**

descansar · tocar el piano · hacer deporte · cocinar · hacer gimnasia · hacer meditación · desayunar · jugar al fútbol · ensayar · comer con la familia · hacer un curso de baile · pasear

2 **Reagieren Sie auf die Fragen und ergänzen Sie nach dem Muster (Frage – Antwort) zwei weitere Beispiele.**

+ Juan es muy guapo, ¿verdad?	*– ¿Guapo? Yo creo que es bastante feo.*
1. El director es muy **mayor**, ¿no?	– ¿Mayor? No, no, es bastante …
2. Marta es bastante **antipática**, ¿verdad?	– ¿Antipática? Yo creo que es muy …
3. Hoy Mario está **de buen humor**, ¿no?	– De buen humor, no. Está …
4. ¿Qué tal hoy en el trabajo? ¿**Mucho estrés**?	– No, no, hoy es un día …
5. El trabajo es **divertido**, ¿no?	– No sé, yo creo que es un poco …
6. Hoy llego **temprano** a casa.	– ¿Ah, sí? Pues yo llego …
7. El **mejor** día es el lunes.	– ¿El mejor? Para mí es …

3 **Vom welchem Tag oder Monat ist die Rede?**

1. Día que en hebreo significa «descanso» domingo
2. Vuelta a la rutina del trabajo lunes
3. Un mes con nombre de persona julio
4. Primer mes del año enero
5. Mes de mi cumpleaños abril
6. Día en la mitad de la semana miércoles
7. Hoy es miércoles y mañana jueves
8. Mes de veintiocho días febrero
9. Meses de treinta días abril, junio, septiembre, noviembre
10. Un día de mala suerte viernes, decimotercero

4 **Nennen Sie vier Daten, die für Sie wichtig sind. Beschreiben Sie analog zu den Beispielen, was gefeiert wird.**

Fechas y celebraciones

14.05 *El 14 de mayo es el cumpleaños de mi novio.*
06.01 *El 6 de enero es el día de Reyes.*

5 **Wie heißen diese Ausdrücke auf Spanisch? Wählen Sie drei aus und schreiben Sie Beispielsätze in Ihr Heft.**

1. Morgens	2. Am Sonntag	3. Am Wochenende	4. Abends	5. Heute Nachmittag	6. Danach
mañana	los domingos	al fin de semana	anoche	hoy por la tarde	después

Pronunciación

6 **Hören Sie und ergänzen Sie die Regel. Hören Sie noch einmal und sprechen Sie nach.**

www 10

[g]	[χ]	[χ]
colega	Argentina	jamón
amigo	Gibraltar	jefe
agua		jirafa
guitarra		ajo
guerrilla		jueves
Granada		
pingüino		
bilingüe		

G = **[g]** in **gui**, **gue**, **ga**, **go**, **gu** und vor Konsonant.
Ansonsten spricht man **G [____]**
Die wenigen Ausnahmen erkennt man an dem **„diéresis"**: **güe** / **güi**.
J spricht man immer **[____]**.

Gramática

7 **Ergänzen Sie die fehlenden Verbformen und ergänzen Sie die Sätze.**

	hacer	salir	conocer	ir
yo	hago	*salgo*	conoco	voy
tú	haces	sales	conoces	*vas*
él / ella / usted	*hace*	sale	*conoce*	va
nosotros/-as	hacemos	*salimos*	conocimos	vamos
vosotros/-as	*hacéis*	salís	conocéis	*vais*
ellos / ellas / ustedes	hacen	salen	*conocen*	van

1. Por la mañana, Javier sale (salir) con su perro. van (ir / ellos) a un parque cerca de casa.
2. Los viernes Isabel y yo vamos (ir) a clase de alemán a una academia.
3. Yo conoco (conocer) a Daniel porque va (ir / él) a mi gimnasio.
4. ¿vas (ir / tú) a la fiesta de Sofía? Allí seguro que conoces (conocer / tú) a gente nueva.
5. Por la mañana hago (hacer / yo) yoga, desayuno y voy (ir / yo) al trabajo.
6. ¿Cuándo vais (ir / vosotros) a Perú? ¿Ya conoceis (conocer / vosotros) Lima?
7. Los sábados Pablo y su novia hacen (hacer) algo juntos o salen (salir) con amigos.

8 Schauen Sie sich die Zeichungen an, lesen Sie die Texte und ergänzen Sie diese mit den Possesivbegleitern.

¿Vemos fotos?

a Mira, esta es ~~una~~ mi familia. Este es Ernesto y estos son mis hijos, Lucía y Andrés. Y esta es Pipa, mi perra. Aquí estamos todos en n nuestra casa de Alicante.

¿Y esta señora, quién es? ¿Tu madre?

Una cena aburrida

b ¿Qué tal la cena con Miguel?

Pues bastante aburrida, la verdad. Miguel habla sólo de su trabajo. De su empresa, de sus productos, de sus clientes, de sus compañeros, ¡y de Mónica, su jefa!

¿Problemas con tus padres?

c Ya, claro, tus amigos, tu novia, tu grupo de música y tu móvil son muy importantes. ¿Y tus notas, qué? ¡Ahora haces tu deberes!

La empresa perfecta

d Nuestra empresa está en 15 países, nuestras marcas y nuestros coches son famosos en todo el mundo.

Comunicación y mediación

9 Beantworten Sie in Ihrem Heft folgende Fragen zu Ihrem Alltag.

1. ¿Haces algún ritual por la mañana?
2. ¿Y al mediodía, dónde comes? ¿Con quién?
3. ¿Qué haces por la tarde?
4. ¿Cuándo descansas: al mediodía, por la tarde o por la noche? ¿Qué haces para relajarte?
5. ¿Cuál es tu día de la semana favorito? ¿Por qué?
6. ¿Organizas siempre tu agenda y planeas tu semana?
7. ¿Qué deporte haces? ¿Cuándo?
8. ¿Haces alguna actividad musical? ¿Cuál?
9. ¿Y haces algún curso? ¿De qué?
10. ¿Qué haces el fin de semana / en el tiempo libre?

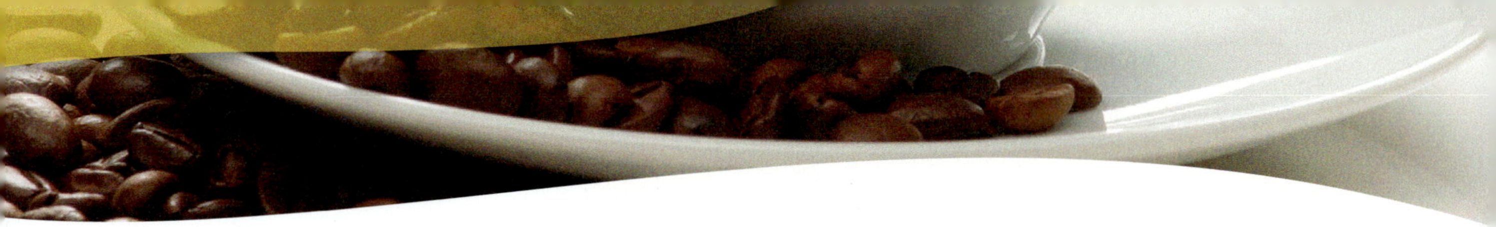

10 **Sie sind zu Claras Geburtstagsparty eingeladen. Was sagen Sie …? Suchen Sie zu jeder Aussage die passende Reaktion:**

1. ¡Muchas felicidades!
2. Oye, ¿y tú de qué conoces a Clara?
3. ¡Muchas gracias por el regalo!
4. ¿Cuántos años tiene Clara?
5. Mira, este es Javier.
6. Perdona un momento, ahí llega mi novio …

a) Del trabajo. Somos compañeros.
b) Hola, ¿qué tal?
c) ¡Muchas gracias!
d) De nada. ¿Te gusta?
e) Creo que tiene 22 años.
f) Vale, ¡hasta luego!

Lectura y redacción

11 **Ulrike ist gerade in Salamanca und schreibt eine E-Mail an einen mexikanischen Freund. Lesen Sie den Text und beantworten Sie die Fragen.**

Hola Andrés

¡Hola Andrés!
Estoy en Salamanca. Aquí estudio español en la universidad. Ya conozco muchos monumentos como la Catedral, el Puente Romano, la Casa de las Conchas … y la Plaza Mayor, claro. Es una ciudad muy bonita. Yo vivo a solo cinco minutos de la universidad y a diez de la Plaza Mayor.
Me gusta mucho mi vida aquí. Voy a la universidad todos los días y los viernes salgo antes. Normalmente como con mis compañeros en el campus y muchas veces vamos de tapas después de clase. Salamanca es una ciudad pequeña, pero no es aburrida. ¡Al contrario! A veces voy a conciertos o exposiciones o voy al cine los miércoles. Otras veces hacemos excursiones con la clase los fines de semana. Además, hay mucha gente joven porque es una ciudad universitaria. La universidad es una de las más antiguas de Europa, ¿sabes? Y hay estudiantes de todo el mundo que, como yo, estudian español aquí. Se dice que Salamanca es «la ciudad del español». Bueno, yo creo que del español … ¡y de los bares! Hay muchísimos. La vida nocturna es increíble, es una ciudad con mucha «marcha». Yo salgo a menudo por la noche, y no solo los fines de semana. Y, como ves, aprendo mucho español ;-).
Besos,
Ulrike

1. ¿Cómo es la vida de Ulrike en Salamanca?
2. ¿Qué hace normalmente?
3. ¿Y los fines de semana?
4. ¿A qué actividades culturales va?
5. ¿Qué impresiones tiene de Salamanca?

12 **Schauen Sie sich Ihre Antworten aus Übung 9 und die E-Mail von Ulrike noch einmal an. Beschreiben Sie nun Ihren eigenen Alltag in einer E-Mail.**

Unidad 5: Lugares del mundo

Vocabulario

1 **Sie möchten einen Brief schreiben. Für wen verwenden Sie welche Anrede? Verbinden Sie.**

1. … su compañera de trabajo c)
2. … su jefe d)
3. … sus amigos a)
4. … sus amigas b)

a) Queridos amigos: ¿Cómo estáis?
b) ¡Hola, chicas! ¿Qué tal?
c) Querida Ana: Muchos saludos desde …
d) Estimado señor Jiménez: ¿Cómo está?

2 **Hören Sie. Welches Foto passt zu Hörtext 1, welches zu Hörtext 2?**

www 11

(b: 2; d: 1)

3 **Streichen Sie durch, was nicht in die Reihe passt.**

1. ~~ruinas~~ – cafetería – restaurante – bar
2. museo – teatro – ~~tráfico~~ – cine
3. universidad – ~~mar~~ – iglesia – casa
4. plaza – ~~festival~~ – calle – barrio
5. ~~pequeño~~ – tranquilo – tímido (schüchtern), activo
6. costa – montaña – playa – ~~catedral~~

4 **Hier haben sich zwölf Substantive zum Wortfeld „Stadt" versteckt. Schreiben Sie sie in die entsprechende Zeile und finden Sie das Lösungswort.**

1. laciopa
2. sidaduniver
3. roriba
4. siaglei
5. quepar
6. retor
7. cofitrá
8. teldraca
9. ficiodie
10. nidaave
11. zapla
12. seomu

1	PALACIO
2	UNIVERSIDAD
3	BARRIO
4	IGLESIA
5	PARQUE
6	TORRE
7	TRAFICO
8	CATEDRAL
9	EDIFICIO
10	AVENIDA
11	PLAZA
12	MUSEO

5 Finden Sie zehn Begriffe zum Wortfeld „Stadt".

C	A	T	E	D	R	A	L	P	C	C	P	E
B	O	T	E	A	T	R	O	L	I	I	A	L
C	N	H	O	S	P	I	T	A	L	N	R	A
T	I	E	N	D	A	L	L	Z	A	E	Q	M
N	A	E	S	C	U	E	L	A	N	U	U	S
R	E	S	T	A	U	R	A	N	T	E	E	S
L	L	F	A	R	M	A	C	I	A	O	S	A

Catedral, Plaza, Cine, Parque, Hospital, Tienda, Escuela, Restaurante, Farmacia, Teatro

Pronunciación

6 Lesen Sie die Wörter vor. Danach hören Sie und überprüfen Sie.

www 12

Europa reina Oviedo Ceuta ingeniero viernes Diego euro
aceite neurótico miércoles euforia Viena deuda tiempo

Schuld

Gramática

7 Ergänzen Sie die Sätze.

muchas | poca | poco | poco | mucho | muchas

1. Por la noche Tarragona es bastante (ausreichend) tranquila y hay poca gente por la calle.
2. Cornudella es un pueblo muy bonito y tranquilo. Hay muchas flores y poco tráfico.
3. En Bogotá hay muchas cosas que ver.
4. Salvador trabaja doce horas al día, tiene poco tiempo y mucho estrés.

8 Wie viele Sachen sind es? Schreiben Sie die Zahlen aus.

15.350 – Hay quince mil trescientos cincuenta personas.
15.765.914 – quince millones setecientos sesenta y cinco mil ~~nove~~ cientos catorce coches.
512.062 – ~~quinientos~~ quinientos doce mil sesenta y dos hoteles.
676.812 – seiscientos setenta y seis mil ochocientos doce iglesias.

9 Schreiben Sie wie im Beispiel.

400 / tiendas — *cuatrocientas tiendas*
251 / personas
975 / pueblos
3652 / parques
560 / universidades
18.800 / ciudades

doscientos cincuenta personas
novecientos setenta y cinco pueblos
tres mil seiscientos cincuenta y dos parques
quinientos sesenta universidades
dieciocho mil ochocientos ciudades

10 Ser oder estar. Ergänzen Sie die Verben.

¡Hola, Emilio! ¿Cómo ______________?

¡Yo ______________ muy bien! ¡Venezuela ______________ fantástica!

Ahora ______________ en la capital. Hago un curso de español en una escuela de idiomas. Caracas ______________ en el norte del país, en la montaña, cerca de la costa. ______________ una ciudad grande y muy activa. La gente ______________ muy simpática. Vivo con Marie y Cecile, dos compañeras de curso, en un barrio cerca del centro. Las chicas (Marie y Cecile) ______________ de Francia y hablamos siempre español en casa. La escuela de idiomas ______________ bastante cerca de mi casa y el profesor ______________ muy divertido. ¿Y tú, dónde ______________ ahora? ¿En casa de tu familia, en Málaga? ¿Qué tal el trabajo en la universidad? ¿Cómo ______________ tus compañeros y tus estudiantes? ...

Saludos a tu familia. Un abrazo,

Birgit

11 Erfinden Sie Sätze und notieren Sie sie.

En los bares	está	en el centro.
Lima	es	parques y jardines bonitos.
Madrid	hay	la capital de España.
La Plaza Mayor		una ciudad muy antigua.
En la clase de español		tapas muy buenas.
En Bilbao		en Perú.
Salamanca		un museo famoso.
En Viña del Mar		gente muy interesante.

12 Streichen Sie das falsche Wort durch.

El Salvador **es / está** en Centroamérica. **Hay / Es** un país impresionante con una naturaleza maravillosa. Su nombre en el idioma indígena **es / está** Cuscatlán, que significa, «Tierra de joyas[1]». En El Salvador **están / hay** lagos, montanas y parques. **Es / Hay** también playas muy bonitas para descansar y tomar el sol. Para conocer las culturas antiguas **es / hay** una ruta arqueológica con lugares de interés, como La Joya de Cerén. **Está / Es** muy interesante.

La capital de El Salvador **es / está** San Salvador. No **hay / está** en la costa. En San Salvador **está / hay** una catedral antigua y edificios coloniales. El Salvador **está / es** ¡impresionante!

1 **La joya:** Schmuck

Comunicación

13 **Hören Sie die Texte und notieren Sie Stichpunkte zu den Fragen.**

www 13

a

b

1. ¿Qué ciudad es?
2. ¿Dónde está?
3. ¿Cómo es?
4. ¿Qué hay?

Lectura y redacción

14 a **Lesen Sie den Text und beantworten Sie folgende Fragen.**

Castilla y León es una Comunidad Autónoma[1] de España. Está en el norte del país, cerca de Galicia y Portugal. En Castilla y León hay ciudades muy antiguas y conocidas, como Salamanca, con su famosa universidad; Avila, con una muralla[2] muy grande; Segovia, con un acueducto romano y Burgos, con una catedral importante. La capital de la Comunidad de Castilla y León es Valladolid. No es una ciudad muy grande, tiene 315.522 habitantes. En el centro histórico hay casas antiguas, palacios, iglesias, plazas, avenidas, parques y muchos museos, como el Museo Nacional de Escultura, el Museo de Ciencias Naturales y el Museo Oriental.

1 **Comunidad Autónoma:** autonome Region 2 **la muralla:** Stadtmauer

1. ¿Dónde está Castilla y León?
2. ¿Cómo se llama la capital?
3. ¿Cuántos habitantes tiene Valladolid?
4. ¿Qué ciudades famosas hay en Castillay León?

14 b **Schreiben Sie einen kleinen Text über Ihr Bundesland.**

Wo befindet es sich?

Welche bekannten Städte gibt es dort?

Wie heißt die Hauptstadt?

Unidad 6: Escapadas de fin de semana

Vocabulario

1 **Was bietet dieses Hotel? Welche Informationen können Sie dem Prospekt entnehmen? Stellen Sie sich gegenseitig Fragen zum Hotel Estrella und beantworten Sie sie.**

Hotel Estrella ****

El hotel:
- a 15 kilómetros del aeropuerto
- en el centro de la ciudad
- 2 restaurantes y 1 bar
- 120 habitaciones dobles
- 30 habitaciones individuales
- servicio de transporte al aeropuerto

Las habitaciones:
- grandes y modernas
- aire acondicionado
- minibar
- con baño completo y secador de pelo
- Wi-Fi

2 **Welche Alternativen gibt es? Nennen Sie andere Möglichkeiten.**

1. ¿Qué alojamiento? ¿El apartamento o …?
2. ¿Cerca de la playa o …?
3. ¿Habitación doble o …?
4. ¿La habitación está ocupada o está …?
5. ¿Pensión completa o …?
6. ¿Con desayuno incluido o …?

3 **Was passt nicht in die Reihe? Streichen Sie es durch und begründen Sie Ihre Wahl. Ergänzen Sie noch ein weiteres Wort in jeder Reihe.**

1. en autobús – en bicicleta – en coche – a pie – ______________
2. isla – cama – cala – playa – ______________
3. ayuntamiento – catedral – Correos – alrededores – ______________
4. estación de metro – oficina de turismo – puesta de sol – parada de autobús – ______________
5. por aquí – al lado de – a la derecha de – detrás de – ______________
6. ir – girar – cruzar – alquilar – ______________
7. duro – ruidoso – limpio – libre – ______________

Pronunciación

4a **Hören Sie die Eigennamen und achten Sie auf die Aussprache. Was fällt Ihnen auf?**

www 14

El Hierro | Honduras | La Habana | Héctor | Hamburgo | Haití

4b **Lesen Sie folgende Wörter:** hotel, hispano, hombre, hablo, hijos, hermana, hospital, hoy, huevo, humor, alcohol.

Gramática

5 **Ergänzen Sie die Tabelle und die Sätze.**

	empezar	querer	preferir	poder
yo				
tú	*empiezas*	*quieres*		
él / ella / usted			*prefiere*	
nosotros/-as				
vosotros/-as		*queréis*	*preferís*	*podéis*
ellos / ellas / ustedes	*empiezan*			

	seguir	repetir
yo	*sigo*	
tú		*repites*
él / ella / usted	*sigue*	
nosotros/-as		*repetimos*
vosotros/-as		
ellos / ellas / ustedes		

1. Pablo y yo ______ (querer) hacer una escapada de fin de semana a Málaga. Pablo ______ (querer) conocer la ciudad y los alrededores. Yo ______ (preferir) descansar en la playa.
2. + ¿Tú ______ (preferir) un apartamento en el pueblo o un hotel cerca de la playa?
   – ______ (preferir / yo) un hotel en la playa. No ______ (querer) ir en autobús a la playa.
3. + ¿______ (querer / ustedes) una habitación con una o dos camas?
   – ______ (preferir) una con dos camas, gracias.
4. Nosotros ______ (poder) tomar la habitación doble y tú ______ (poder) tomar la otra.
5. Perdone, ¿______ (poder / usted) darme la clave de acceso para el Wi-Fi?
6. No ______ (poder / yo) dormir con el ruido de la disco. ¿Me ______ (poder / ustedes) cambiar de habitación, por favor?
7. ¿Me ______ (repetir / usted) el número de habitación, por favor?
8. Todos los fines de semana ______ (repetir / yo) el mismo plan, pero este fin de semana ______ (empezar) con una escapada al mar.
9. + Perdona, ¿para ir a la Plaza Mayor? – Sí, mira, ______ (seguir / tú) por esta calle todo recto.
10. Mañana ______ (nosotros / empezar) el día con un chocolate con churros en la Plaza Mayor y ______ (nosotros / seguir) con la visita a la ciudad, ¿vale?

6 Übersetzen Sie die Sätze. Verwenden Sie se + Verb.

1. Kann man später im Hotel bezahlen?
2. Man kann bis 10 Uhr morgens frühstücken.
3. Vom Zimmer aus kann man das Meer sehen
4. In der Webseite, sieht man das Zimmer größer.
5. Die Karte geht nicht. Man kann nicht reingehen.
6. Man spricht Deutsch.

7 Ergänzen Sie die Sätze mit este / esta / estos / estas.

1. Est____ es el plan para est____ fin de semana.
2. Perdona, ¿est____ autobús va al centro?
3. ¿Necesita est____ documentos?
4. Est____ es su habitación y est____ es su tarjeta.
5. Podemos alquilar est____ bicicletas.
6. ¿En qué hotel están est____ turistas?
7. En est____ restaurante tienen comida típica de est____ isla.
8. Miren, est____ es el Palacio Real y est____ es la Plaza de Oriente.

Comunicación y mediación

8 Sie machen einen Kurzurlaub auf Mallorca. Was sagen Sie …? Finden Sie zu jeder Aussage die passende Reaktion.

1. Buenos días, quería hacer una reserva.
2. Hola, buenas. Tengo una reserva para esta noche.
3. ¿Su carné, por favor?
4. ¿En qué piso está la habitación?
5. Recepción, ¿dígame?
6. ¿Me pueden traer toallas?

a) Sí, aquí tiene.
b) Muy bien. ¿Para cuándo quiere reservar?
c) Enseguida.
d) Llamo de la habitación 214.
e) ¿A nombre de quién?
f) En el segundo, allí tiene el ascensor.

9a Was haben diese Leute vor? Was wollen/müssen sie dafür tun? Notieren Sie in Ihrem Heft ihre Vorhaben und was sie dafür benötigen. Benutzen Sie ir + a + Inf., querer + Inf. und tener que + Inf.

Ejemplo: *Este fin de semana Alba y yo vamos a hacer una escapada rural. Vamos a ir a un pueblo. Queremos alquilar una casa rural. Tenemos que cocinar nosotros …*

a
Alba y yo

- visitar pueblo y alrededores
- casa rural
- hacer senderismo
- pasear por la montaña

b
Sonia y Jaime

- conocer ruta del vino de Rioja
- finca
- visitar bodegas y probar vinos
- cenar en restaurante típico

c
Román

- ir a Galicia
- pasar el día en el balneario
- visitar la isla de la Toja
- cenar mariscos

9b **Und Sie? Sprechen Sie über Ihre Pläne. Was wollen/müssen Sie tun? (Suchen Sie im Internet Inspirationen unter „escapadas".)**

10 **Sie sind neu in der Stadt. Was sagen Sie …?**

1. Sie möchten mit der U-Bahn fahren. Fragen Sie, wo es eine U-Bahn-Station in der Nähe gibt.
2. Sie möchten wissen, wie Sie zum Hotel Regio kommen.
3. Sie fragen jemand, wo es ein guten Ort zum essen gibt.
4. Sie sind nicht sicher, ob das Teatro Central links oder rechts ist.
5. Sie haben den Wegbeschreibung nicht so richtig verstanden.

Lectura y redacción

11 a **Lesen Sie den Text. Welche Unterschiede gibt es Ihre Ansicht nach zwischen dem „campamento Río Lacanjá" und einem großen Hotel bzw. Ressort?**

Campamento ecológico en la Selva Lacandona

El campamento ecológico es una alternativa a los grandes hoteles y resorts típicos del turismo de masas.

En muchos países existe ya desde los años 90 el turismo ecológico. El/La turista quiere disfrutar de la naturaleza y también del contacto directo con la gente del lugar. Un ejemplo de este tipo de turismo lo encontramos en el campamento Río Lacanjá, en la selva del estado de Chiapas, en México.

La familia de Vicente Kin Paniagua recibe a los visitantes en su campamento en la Selva Lacandona, a dos horas y media de Palenque. El campamento tiene cabañas tradicionales, área para acampar, restaurante y tienda de artesanía. Se puede explorar la selva en compañía de alguien de la familia de Vicente y también se pueden visitar las cascadas de Mochtuniha o las ruinas de Lacanjá, ver la flora y la fauna, y por la noche sentarse en el campamento con la familia alrededor de un fuego.

Además es posible visitar las zonas arqueológicas de Lacanjá, Bonampak y Yaxchilán.

11 b **Lesen Sie den Text noch einmal und nennen Sie drei Beispiele für „servicios" und drei für „actividades".**

Servicios: restaurante, tienda de artesanía, cabañas tradicionales

Actividades: explorar la selva, visitar las cascadas de Mochtuniha, sentarse en el campamento alrededor de un fuego por la noche.

Unidad 7: ¡Vaya día, qué estrés!

Vocabulario

1 **Ordene las frases cronológicamente.**

1. ☐ Primero tomo un café.
2. ☐ Salgo del trabajo a las 17:00.
3. ☐ Empiezo a trabajar a las 09:00.
4. ☐ Me levanto a las 07:30.
5. ☐ Vuelvo a casa a las 20:30.
6. ☐ Y después me ducho.
7. ☐ Me acuesto a las 12:00 o 12:30.
8. ☐ Por la tarde quedo con amigos para tomar algo.
9. ☐ Salgo de casa a las 08:15.
10. ☐ Como a las 13:30 en la cantina.

2 **Escriba las horas como en el ejemplo.**

10:00 *Son las diez de la mañana.*

1. 06:15
2. 17:10
3. 02:30
4. 19:40
5. 12:00
6. 13:25
7. 11:45
8. 07:05
9. 12:55

3 **Relacione las cantidades y envases con los alimentos. Luego añada tres cosas más con las cantidades.**

1. 300 gramos de
2. 2 kilos de
3. medio kilo de
4. un litro de
5. un paquete de
6. una botella de
7. una lata de
8. una barra de
9. una bolsa de

vino	cava	cerveza	aceite
café	manzanas	agua	leche
atún	pan	naranjas	
jamón	patatas fritas	queso	

Pronunciación

4 **Escuche las siguientes palabras:** maya, oye, rey, desayunar, muy, soy, ayuntamiento, playa, mayo, hay.
¿Qué dos formas de pronunciación tiene la letra y**? ¿Cuándo se pronuncia** i**? Lea ahora:** ya, voy, ayer, ensayar, hoy, mayor, joya, ayuda, hobby, jersey, proyecto, yoga, Uruguay.

www 15

Gramática

5 **Marque la forma correcta del verbo** gustar.

1. ¿A ti te **gusta** / **gustan** cocinar?
2. A mí me **encanta** / **encantan** los deportes.
3. ¿Qué te **gusta** / **gustan** más, la cerveza o el vino?
4. No me **gusta** / **gustan** mucho los pescados.
5. A nosotros nos **encanta** / **encantan** hacer la compra.
6. ¿Te **gusta** / **gustan** tus nuevos compañeros?
7. A mis amigos y a mí nos **encanta** / **encantan** salir.
8. Me **gusta** / **gustan** mucho los mariscos.
9. ¿A vosotros os **gusta** / **gustan** viajar?
10. A ti te **gusta** / **gustan** mucho Facebook, ¿verdad?

6 Escriba las formas de los verbos que faltan y complete las frases.

	levantarse	ducharse	quedarse	acostarse
yo	me levanto	*me ducho*	me quedo	me acuesto
tú	te levantas	te duchas	te quedas	*te acuestas*
él / ella / usted	se levanta	se ducha	*se queda*	se acuesta
nosotros/-as	nos levantamos	nos duchamos	nos quedamos	nos acostamos
vosotros/-as	*os levantáis*	os ducháis	os quedáis	os acostáis
ellos / ellas / ustedes	se levantan	*se duchan*	*se quedan*	*se acuestan*

1. ¿Tú te levantas (levantarse) tarde? – No, me levanto (levantarse) temprano, a las seis de la mañana.
2. Mila se ducha (ducharse) rápido y se va al trabajo sin desayunar porque se levanta (levantarse) tarde.
3. Hoy nos quedamos (quedarse / nosotros) hasta las nueve en la oficina.
4. Tomás se acuesta (acostarse) a las once, pero yo nunca me acuesto (acostarse) antes de medianoche.
5. ¿Por qué no te quedas (quedarse / tú) un rato después de la reunión? Yo me quedo (quedarse) media hora más.
6. Es muy tarde. Nosotros ya nos vamos. Y vosotros, ¿qué hacéis? ¿os quedáis (quedarse)?

7 Complete las frases con los pronombres que faltan: me, te, le, se, nos, os, les.

1. ¿A vosotros os gusta planchar?
2. A nosotros nos encanta comer fuera.
3. Aquí tienen la carta. les recomiendo la dorada.
4. ¿A quién le toca pagar?
5. A mí no me toca pagar hoy.
6. Es muy tarde, los niños se van a dormir ya.
7. ¿Tú te duchas por la mañana o por la noche?
8. A Marcos no le gusta nada trabajar los sábados.
9. ¿A qué dirección nos mandamos el pedido (a ti)?
10. En una hora les llevamos el pedido (a ustedes).

8 En algunas de las siguientes frases falta la preposición a. ¿En cuáles? Escríbala donde sea necesario.

1. ¿Por qué no llamamos a Félix?
2. No veo a Carla. ¿Sabes dónde está?
3. ¿Conoces ______ el restaurante Buen Sabor?
4. Quiero invitar a mis amigos.
5. Voy a buscar ______ la comida.
6. ¿Conoces a mi hermana?
7. ¿Vas a buscar a Manolito al cole?
8. No veo ______ el bolso. ¿Dónde está?

p209

9 **Complete los diálogos con los demostrativos adecuados.**

1. + Este bar está muy lleno, ¿no?
   – Sí, vamos a ese de ahí, no hay tanta gente.
2. + ¡Uhm! Estas chuletas están muy ricas.
   – ¿Sí? Pues estos calamares están bastante duros.
3. + Perdone, ¿los aseos? ¿Por ahí?
   – Sí, esa puerta de ahí a la derecha. Esta es la llave. Aquí tiene.
4. + Quería un kilo de naranjas.
   – Le pongo estas de aquí o prefiere esas (de ahí)?
5. + Perdone, ¿y cuánto cuestan esos vinos de ahí?
   – Pues, están en oferta, estas botellas de aquí cuestan 8 € y esas de ahí, 12 €.

10 **Traduzca usando una de las perífrasis: acabar de; hay que; ir a; tener que.**

1. Toni muss einkaufen gehen.
2. Werden wir etwas kochen?
3. Aber hast du nicht gerade gegessen?
4. Nach der Arbeit werden wir etwas trinken gehen. Kommst du mit?
5. Man muss etwas für die Umwelt machen, oder?
6. Ich muss duschen. Ich habe gerade Sport getrieben.

11 **Poder y saber. ¿Sabe la diferencia? Elija el verbo correcto en cada caso y diga por qué se usa.**

Wissen	Fähigkeit	Möglichkeit	Erlaubnis

1. El sábado **sabemos / podemos** ir a la piscina.
2. Mañana tengo un examen y no **sé / puedo** nada.
3. ¿**Sabes / Puedes** hablar español?
4. ¿**Puedes / Sabes** ir a buscarme?
5. Tú **sabes / puedes** mucho de informática.
6. ¿Te **puedo / sé** ayudar en algo?
7. Enrique está enfermo. Hoy no **puede / sabe** cantar.
8. ¿**Podéis / Sabéis** hablar más bajo, por favor?
9. ¡Qué cantante tan malo! ¡No **sabe / puede** cantar!
10. No **sé / puedo** bailar salsa. ¿Me **sabes / puedes** enseñar?

Comunicación y mediación

12 **Pregunte a un/a compañero/-a sobre su vida cotidiana y tome notas. Después haga un pequeño resumen y preséntelo en clase.**

1. ¿A qué hora te levantas normalmente?
2. ¿A qué hora sales de casa?
3. ¿Cómo vas a la escuela / al trabajo?
4. ¿Dónde comes?
5. ¿Qué haces por la tarde?
6. ¿A qué hora cenas?
7. ¿Cuándo te acuestas?
8. ¿Cuántas horas duermes?

13 ¿Y a ti? Reaccione con **a mí también**, **a mí, no**, **a mí, sí**, y **a mí tampoco**. Después escriba otros ejemplos.

1. A mí me gusta levantarme temprano. ¿Y a ti?
2. A mí no me gusta planchar. ¿Y a ti?
3. A Leticia le encantan las fiestas. ¿Y a ti?
4. A mí no me gusta el chorizo. ¿Y a ti?

1) A mí tambien. 3) A mí tambien A mí no me gusta pescado. ¿Y a ti?
2) A mí tampoco. 4) A mí, sí. A mí encantan los dulces. ¿Y a ti?

14 **¿En un bar de tapas o en un restaurante? Lea estas frases y decida dónde están las personas. Escriba B o R. ¿Qué palabras le ayudan? Márquelas.**

- [R] ¿Nos trae la carta, por favor?
- [B] Unas patatas bravas y tortilla.
- [R] ¿Qué tienen de postre?
- [B] ¿Qué queréis de pincho?
- [R] Una botella de vino tinto y otra de agua sin gas.
- [B] ¿Qué vais a tomar?
- [R] ¿Van a tomar café?
- [B] Yo pago esta ronda.
- [R] De primero una ensalada.
- [R] ¿Qué lleva de guarnición?

Lectura y redacción

15a **Mire las fotos y lea el título. ¿De qué «invitado» se trata? ¿De qué cree que va a hablar el texto?** De cava

Un invitado en todas las fiestas

El cava es un vino espumoso blanco o rosado elaborado en España. Al igual que el champán, se elabora según el método tradicional de la región francesa de Champagne, pero se diferencia del típico champán francés, entre otras cosas, principalmente por el tipo de uva utilizado.

El cava proviene sobre todo de la región del Penedés, en Cataluña. Sin embargo, actualmente también se produce cava en otras comunidades como Aragón, Navarra, La Rioja, Extremadura o Valencia.

Existen varios tipos de cava dependiendo de la cantidad de azúcar que contienen como el Brut Nature, Brut, Seco o Semiseco. La producción de cava ha aumentado mucho en los últimos años y además del mercado nacional, ya se exporta cava a todo el mundo. Los principales países consumidores de cava de la UE son Bélgica, Alemania y el Reino Unido y fuera de la UE se exporta a Estados Unidos, Japón, Suiza, Canadá, Brasil e Israel y también a China o Rusia.

UE = Unión Europea

15b **Lea el texto y diga si la información es verdadera o falsa. Corrija la información falsa.**

1. El cava es un producto español. V
2. El cava es igual que el champán francés. Falsa, la diferencia es el tipo de uva.
3. El cava se produce sobre todo en Cataluña. sobre todo de la región del Penedés.
4. Hay cavas con más azúcar que otros. V.
5. Se consume cava solo en la Unión Europea. Falsa. Se consume cava en todo el mundo.

Unidad 8: Tiempo libre

Vocabulario

1 **Relacione.**

1. una película d	a) de música clásica
2. un partido f/c	b) moderno
3. un concierto a	c) de baloncesto
4. el arte b	d) de ciencia ficción
5. una novela g	e) folclórica
6. música e	f) de fútbol
7. un estadio f	g) de amor
8. una película h	h) de acción

2 **Sopa de letras. Encuentre nueve actividades para hacer en el tiempo libre.**

T	E	N	O	C	H	I	K	A	L	S	T	I
Z	H	A	C	E	R	D	E	P	O	R	T	E
G	E	D	E	R	I	C	A	T	U	P	O	N
H	F	A	X	E	S	A	L	I	R	T	A	C
O	N	R	M	A	B	M	U	S	E	F	U	O
D	E	S	C	A	N	S	A	R	Q	U	E	C
A	B	A	I	L	A	R	A	G	L	O	T	I
F	R	E	T	I	C	O	R	R	E	R	D	N
I	R	A	L	C	I	N	E	U	E	I	C	A
N	B	Y	A	L	U	M	S	T	R	I	A	R

cocinar
bailar
ir al cine
descansar
salir
correr
hacer deporte
nadar
leer

3 **¿Qué asocia usted con el tiempo libre? Haga un asociograma.**

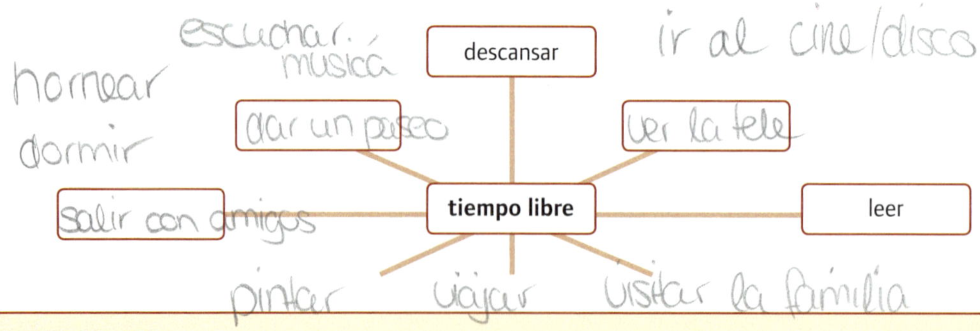

APRENDER MEJOR

Man kann Vokabeln besser lernen, wenn man sie mit persönlichen Empfindungen verbindet. Probieren Sie es aus. Sammeln Sie in einer Liste Dinge, die Sie mögen und in einer weiteren Liste Dinge, die Sie nicht mögen.

☺ Me gusta/n …	☹ No me gusta/n …
descansar	ir en avión
la tortilla	la música pop
tocar el piano	los tomates
…	…

4 ¿Qué hacen estas personas el viernes a esa hora?

Miguel: 8 h 15

A las ocho y cuarto Miguel toma el tren.

Pilar y Rosa: 19:30–20:30 h

Pilar y Rosa manejans las bicicletas desde 19^{30} hasta 20^{30}

Carmen y Raúl: 16:45 h

Carmen y Raúl juegan cartas a las 16^{45}

Pedro: 14:30 h

A las 14^{30} Pedro come

Martina por la tarde

Por la tarde Martina juega fútbol

Laura y sus amigas: 19–20 h

Desde 19 hasta 20 h. Laura y sus amigas juegan baloncesto.

Gramática

5 Completa la tabla con las formas verbales de jugar, decir, oír, poner y venir.

jugar	decir	oír	poner	venir
juego	digo	oigo	pongo	vengo
juegas	dices	oyes	pones	vienes
juega	*dice*	oye	pone	viene
jugamos	decimos	*oímos*	ponemos	venimos
jugáis	decís	oís	*ponéis*	venéis
juegan	dicen	oyen	ponen	*vienen*

6 ¿Cuál es el infinitivo de estos participios?

1. sido ser
2. estado estar
3. hecho hacer
4. ido ir
5. comido comer
6. venido venir
7. jugado jugar
8. hablado hablar
9. oído oír

7 **¿Qué ha hecho hoy Diego? Escriba una frase para cada dibujo.**

Ejemplo: *1. Diego se ha levantado temprano.*

8 **Haga frases en pretérito perfecto.**

	tú		estar en el cine.
Hoy	Susana		salir a tomar algo.
Este fin de semana	las chicas	no	ir a un concierto de rock.
Esta mañana	nosotros		perder el móvil.
Este mes	yo		acostarse tarde.
	vosotros		quedarse en casa.

Comunicación

9 **Cuente en un pequeño texto qué ha hecho hoy.**

10 **Complete el diálogo.**

Lara: (Hallo. [am Telefon]) ____________________

Fernando: ¡Hola, Lara! Soy yo, Fernando. ¿Vamos al cine esta tarde?

Lara: (Nein, kann nicht, muss arbeiten, aber hast du Lust morgen zu gehen?)

____

Fernando: Vale, sí.

Lara: (Was läuft? Wann treffen wir uns?) ____________________

Fernando: Ponen una película con Javier Bardem. Podemos quedar a las siete.

Lara: (Ok, wo?) ____________________

Fernando: Delante del cine.

Lara: (Einverstanden, bis morgen) ____________________

Lectura y redacción

11 a ¿Conoce el libro «Paraíso inhabitado»? Marque con una cruz la respuesta correcta.

1. Un paraíso es un lugar muy ________

   ☐ aburrido. ☐ bonito. ☐ antiguo.

2. En un lugar inhabitado ________

   ☐ no vive nadie. ☐ vive mucha gente. ☐ viven caballos.

3. Paraíso inhabitado es una historia ________

   ☐ de amor. ☐ de ciencia ficción. ☐ un poco autobiográfica.

4. La historia se cuenta en ________

   ☐ Barcelona. ☐ Madrid. ☐ Sevilla.

5. El personaje principal es ________

   ☐ un caballo. ☐ una niña. ☐ un perro.

11 b Lea el resumen y compruebe sus respuestas.

En «Paraíso inhabitado» una niña cuenta su vida desde los cinco hasta los doce años. De esta niña sabemos que se llama Adriana o Adri, que tiene dos hermanos y una hermana y que sus padres no tienen una buena relación. Vive en una casa que es como un palacio, con criados (*Diener*) y chófer (*Chaufeur*). Es el Madrid de los años 70 bajo la dictadura de Franco.
Adriana está sola porque sus hermanos son ya mayores y sus padres no tienen tiempo para ella. Sus amigos son el chófer, la criada y la cocinera. Pero sus mejores amigos son los libros. Lee y crea un paraíso inhabitado donde sólo vive ella. Cuando Adri tiene seis o siete años conoce a Gavi, un niño también solitario. Entre ellos hay un amor muy fuerte y puro frente al mundo de las personas mayores.

11 c Describa su libro preferido.

Unidad 9: Viviendas

Vocabulario

1 **Lea los anuncios. Busque el piso ideal para la familia Pérez y para Gabriela. Explique su decisión.**

1. La familia Pérez busca un piso en Madrid. Tienen un hijo de 13 años y una hija de 9 años. Quieren un piso tranquilo, con terraza y garaje.
2. Gabriela va a estudiar en Madrid. Busca una habitación bonita o un piso pequeño. Tiene que ser barato y céntrico.

a Alquilo apartamento, 1 dormitorio, con garaje, en las afueras, 650 €

b Piso en C/Cartagena, 2 dormitorios, 85 m², terraza, céntrico, 1100 €

c Busco chica responsable para compartir piso, luminoso, con terraza, cerca de la Plaza Mayor, habitación de 30 m², 350 €

d Se alquila piso, 3 dormitorios, 2 baños, cocina amueblada, ascensor, garaje, muy céntrico, 1100 €

e Piso en alquiler, 4 dormitorios, con terraza, garaje. Barrio tranquilo, estación de metro cerca, Alarcón 1000 €

2 **Encuentre nueve objetos de la casa en la sopa de letras. Escriba las palabras con el artículo.**

t	s	p	c	m	i	a	b	t	l
s	i	l	l	ó	n	b	e	l	a
i	l	a	l	á	m	p	a	r	a
l	c	v	a	r	m	a	r	i	o
l	m	a	v	c	a	m	a	e	n
a	e	d	m	e	c	u	n	s	e
a	s	o	l	s	o	f	á	r	u
l	a	r	a	l	f	u	n	o	r
r	p	a	e	s	p	e	j	o	i

3 a **Escuche.**
¿Qué habitación es?

www 16

3 b **Describa una de las habitaciones.**
Su compañero/-a dice cuál es.

4 Tiene siete minutos para leer y contestar las preguntas por escrito.

ESPAÑA

1. ¿Qué isla es más grande? ¿Tenerife o La Gomera?
2. ¿Qué río es más largo? ¿El Ebro o el Guadalquivir?
3. ¿Qué ciudad es más grande? ¿Vigo o Sevilla?
4. ¿Qué región es más pequeña? ¿Extremadura o Murcia?
5. ¿Cuál es la montaña más alta de España?
   ¿El Teide o el Mulhacén?

LATINOAMÉRICA

1. ¿Qué país es más grande? ¿Paraguay o Uruguay?
2. ¿Qué río es más largo? ¿El Amazonas o el Orinoco?
3. ¿Cuál es la isla más grande del Caribe? ¿Cuba o Puerto Rico?
4. ¿Cuál es el lago más grande de Latinoamérica?
   ¿El Lago Titicaca o el Lago Chungará?
5. ¿Cuál es el aeropuerto más alto de Latinoamérica?
   ¿El de Caracas o el de La Paz?

Pronunciación

5 a Lea las palabras en voz alta. Después escuche y compruebe su pronunciación.

www 17

viven – sofá – cocinas – lámpara – escritorio – lavadora – televisor – salón – estantería

5 b ¿Por qué llevan algunas palabras un acento? Marque las sílabas acentuadas y complete la regla.

Wörter, die auf ________________, **-n** oder **-s** enden, werden auf der vorletzten Silbe betont.

Wörter, die auf Konsonant, außer **-n** und **-s** enden, werden auf der ________________ Silbe betont.

Alle Wörter, die von dieser Regel abweichen, erhalten einen ________________ auf der betonten Silbe.

Gramática

6 **Tarea** Prepare un test según el modelo de arriba (4). Escriba diez preguntas.

¿Cuál es la ciudad más grande de Europa? ¿Roma o Moscú?

¿Qué universidad es más antigua? ¿La de Múnich o la de Salamanca? …

7 Compare. Escriba frases como en el ejemplo.

1. caro / coche > lavadora
   Un coche es más caro que una lavadora.
2. rápido / barco < avión
3. cosmopolita / París = Londres
4. bueno / un piso grande > piso pequeño
5. famoso / Picasso = Dalí
6. alto / edificios de Nueva York > casas de Sevilla

8 ¿Qué están haciendo? Pregunten y contesten como en el ejemplo. Luego escriban las frases.

9 Complete con ser, estar y hay.

1. Juan Jesús ______________ en el paro.
2. El piso ______________ céntrico.
3. En el centro ______________ casas muy antiguas.
4. La casa ______________ en el centro.
5. Manoli ______________ en el jardín.
6. Sonia no ______________ en casa.
7. ¿En este piso solo ______________ un baño?
8. El comedor ______________ luminoso.
9. He encontrado un departamento muy mono. ______________ cerca de la oficina.
10. ¿______________ ascensor en el piso nuevo?

Comunicación y mediación

10 **Informe sobre su país.**

1. Welcher Berg ist der höchste? ______
2. Welche Stadt ist die größte? ______
3. Welcher Fluss ist der längste? ______
4. Welches Bundesland (Estado Federal) ist das kleinste? ______
5. Welcher Wein ist der beste? ______
6. Welche Stadt ist am teuersten? ______
7. Welche Menschen sind am fleißigsten? ______
8. Welche Menschen sind am lustigsten? ______
9. Wo ist man die besten Würstchen? ______
10. Welches ist das beste Bier? ______

Lectura y redacción

11 a **Lea el texto.**

Las islas flotantes de los uros

¿Se imagina usted vivir en una isla flotante? ¿Cómo? Pues los uros en el Lago Titicaca lo hacen. Han construido islas de totora con una casa donde solo hay una cama. Aquí viven y duermen. En una de estas islas se pueden vivir unos 40 años más o menos. Y para terminarla necesitan todo un año.
Con sus barcos de totora se pueden mover por el lago. Los uros viven en el lago y del lago: el lago les da la totora para construir sus casas, el pescado para comer y el agua para beber y bañarse. Además, viven también del turismo. Tienen una isla especial para los turistas. Aquí pueden ver cómo viven y trabajan los uros.
Desde 1990 las islas tienen energía solar y algunas casas tienen incluso radio y televisor.
Hoy hay unas 30 islas flotantes unas 2.500 personas viven en ellas.

11 b **Marque con una cruz la respuesta correcta.**

1. El material con el que hacen las casas sobre las aguas del lago se llama
   ☐ a) trigo. ☐ b) totora. ☐ c) arroz.
2. Los habitantes de las islas flotantes son los
   ☐ a) mayas. ☐ b) uros. ☐ c) aztecas.
3. Los uros tardan en hacer una isla
   ☐ a) un mes. ☐ b) un año. ☐ c) cinco meses.
4. En una isla se puede vivir unos
   ☐ a) 40 años. ☐ b) 25 años. ☐ c) 75 años.

Unidad 10: De viaje

Vocabulario

1 **Haga frases con las palabras del recuadro. Use al menos dos palabras para cada frase.**

Ejemplo: *¿Cuánto dura el viaje en avión?*

ir visitar empezar volar (el / un) mercado quedarse tener ganas (la / una) comida típica (el / un) viaje (el / un) avión llegar (el / un) edificio tiempo comprar (el / un) monumento pasar volver probar (la / una) excursión querer durar ver salir acabar

2 **Complete la lista con más ejemplos para cada categoría:**

Preparativos: comprar el billete, __________

Destino: viajar a la playa, __________

Alojamiento: alojarse en un hotel, __________

Forma de viajar: viajar en grupo, __________

Transporte: viajar en avión, __________

Temporada: viajar en verano, __________

Lugares de interés turístico: la catedral, __________

Actividades: dar un paseo en barca, __________

Gramática

3 a **Complete el correo electrónico de Fernando con las formas del indefinido.**

Hola Pablo

Hola, Pablo:

¿Qué tal? Yo ahora estoy de vacaciones en México. La semana pasada __________ (ir) a Playa del Carmen. __________ (quedarse) en una antigua hacienda que ahora es un hotel. Allí __________ (probar) un plato muy típico de la comida maya que se llama cochinita pibil. Me __________ (gustar) mucho. También __________ (beber) una «chela» (cerveza). Por la noche __________ (conocer) a dos chicas de Salamanca y al día siguiente __________ (alquilar / nosotros) un coche y __________ (ir / nosotros) los tres a Mérida. Después __________ (recorrer / nosotros) la Costa del Golfo de México hasta Veracruz. ¡__________ (ser) un viaje muy divertido!

Ahora estoy en Cancún. Hasta pronto, Fernando

3 b **Lea otra vez el correo electrónico y cuente el viaje de Fernando.**

Fernando está en México. La semana pasada …

4a **¿Viajo o viajó? Escuche las frases. ¿Se refieren al presente o al pasado? ¿Dónde falta el acento gráfico?**

www 18

1. a) ☐ Compro recuerdos para toda la familia.
   b) ☐ Compro un sombrero mexicano.

2. a) ☐ No llevo el pasaporte.
   b) ☐ Llevo a los amigos a casa.

4b **Escuche otra vez. Luego compare y repita. Después escriba dos ejemplos más.**

www 18

Compro recuerdos para toda la familia. / **Compró** recuerdos para toda la familia.
Compro un sombrero mexicano. / **Compró** un sombrero mexicano.
No **llevo** el pasaporte. / No **llevó** el pasaporte.
Llevo a los amigos a casa. / **Llevó** a los amigos a casa.

5 **Un poco de Historia.**
Complete el texto con los verbos en indefinido.

conquistar | empezar | llamar | salir | ser | llegar | empezar

Las culturas precolombinas más importantes ____________________ la azteca en México, la maya en América Central y la inca en Perú. El 3 de agosto de 1492 ____________________ tres barcos del sur de España. Dos meses más tarde, el 12 de octubre de 1492, Cristóbal Colón ____________________ a una isla del Caribe que él ____________________ San Salvador. En ese momento ____________________ la conquista de América. En los años siguientes los españoles ____________________ muchas ciudades y regiones. Después de 300 años de colonialismo español, ____________________ el proceso de independización.

6 **Tache los marcadores que no corresponden al pretérito indefinido.**

por última vez | hoy | esta semana | la semana pasada | ayer | el lunes | el martes | este mes | anteayer | el año pasado | este año | hace tres meses | anoche

7 **Haga frases utilizando el pretérito indefinido.**

1. Julio / comer / unos tamales muy ricos. ____________________
2. El fin de semana pasado / ir / nosotros / a la playa. ____________________
3. En 2012 / empezar / ella / a aprender español. ____________________
4. Ayer / ver / yo / una película buenísima / en el cine Asturias. ____________________
5. El mes pasado / conocer / vosotros / a mucha gente en Chile. ____________________

Comunicación

8a ¿Qué tal las vacaciones?
Escuche el diálogo y marque con una cruz si las frases son correctas o falsas.

www 19

	correcto	falso
1. Miguel y su novia son de Canarias.	☐	☐
2. Pasaron sus últimas vacaciones en España.	☐	☐
3. Viajaron en barco.	☐	☐
4. El lunes visitaron la Sagrada Familia.	☐	☐
5. A los dos les gustaron mucho los edificios de Gaudí.	☐	☐
6. A Miguel no le interesó el Museo Picasso.	☐	☐
7. El último día fueron a Montserrat.	☐	☐
8. Volvieron el 13 de octubre.	☐	☐

8b Escuche otra vez y corrija las frases del ejercicio 8a.

www 19

9 Un billete para Sagunto
Lea las frases y ordene el diálogo.

☐ ¿En qué clase?
☐ A las 9:57.
☐ Son 29,65 euros.
☐ ¡Ah, qué bien! ¿Y a qué hora llega a Sagunto?
☐ Bueno, entonces un billete de ida y vuelta, por favor.
☐ Muy bien, ¿cuánto es?
☐ Llega a las 15:45.
☐ Sí, en Valencia.
☐ Turista. ¿Tengo que hacer trasbordo?
☐ Buenos días, ¿a qué hora sale mañana por la mañana el tren para Sagunto?

10 En la terminal de autobuses. Diga en español.

1. – Sie sind im Busbahnhof. Begrüßen Sie die Frau am Schalter und fragen Sie, wann der nächste Bus nach Veracruz fährt.

   ____

   \+ Buenos días. Pues sale a las 10:30 h, pero está completo. Si quiere, puede tomar el de las 12 h. Aquí todavía hay plazas.

2. – Sie fragen, wie lange er braucht.

   ____

   \+ Cinco horas, aproximadamente.

3. – Sie fragen, ob es nicht eine schnellere Verbindung gibt.

   ____

   \+ Sí, hay uno a las 15 h. Este tarda solo cuatro horas.

4. – Sie möchten gerne zwei Tickets für den letzten haben.

   ____

Lectura y redacción

11 a Mire las fotos y ordene el texto.

Tenochtitlán

- ☐ La ciudad de México se construyó sobre Tenochtitlán.
- ☐ La ciudad cayó en 1521.
- ☐ De 1325 a 1519 Tenochtitlán creció y llegó a ser un centro político y cultural muy importante. Se construyeron palacios, pirámides, puentes …
- ☐ Pero, en pocos años, los españoles conquistaron Tenochtitlán.
- ☐ Cuando los aztecas vieron por primera vez a los españoles, pensaron que eran los dioses y les permitieron entrar.
- ☐ La historia dice que los aztecas procedentes de Aztlán, en el norte, buscan un nuevo lugar para vivir.
- ☐ En 1325 encontraron un lago con una isla, Tenochtitlan, donde decidieron quedarse.
- ☐ Cuando llegaron los españoles, encontraron una ciudad muy rica y moderna.

11 b Escriba la historia de su ciudad en seis frases.

En el año ______________________________

____

____

____

____

____

Unidad 11: ¡Vamos de boda!

Vocabulario

1 **Relaciones familiares. Marque la expresión que no corresponde.**

1. Mi familia es
   a) grande.
   b) pequeña.
   c) mediana.
   d) divertida.

2. Estoy
   a) cansado/-a.
   b) divorciado/-a
   c) viudo/-a.
   d) soltero/-a.

3. Tengo
   a) dos hermanos.
   b) un compañero.
   c) tres tíos.
   d) un nieto.

4. El año pasado
   a) me enamoré
   b) me casé
   c) me jubilé
   d) me divorcié

5. Vivo
   a) solo/-a.
   b) con mi pareja.
   c) en un apartamento.
   d) con mi familia.

2 **¿Quién es? Escriba el nombre del familiar.**

1. La hermana de mi padre es …
2. El hijo de mi hermano es …
3. Los padres de mi madre son …
4. Estoy casada con Víctor. Es …
5. La hija de mi hijo es …
6. El hijo de mi tío es …

3a **¿Cómo es? Clasifique el vocabulario para describir personas y complete la tabla.**

rubio/-a azules gordo/-a alto/-a feo/-a lleva barba joven castaño/-a moreno/-a mayor delgado/-a marrones normal bajo/-a guapo/-a negros con gafas corto largo

el pelo	los ojos	la figura	la estatura	otros

3b **Describa a las personas.**

4 **¿Qué color o colores «ve» cuando piensa en estas cosas: una mañana de febrero, una playa del Caribe, el final de una película de amor, una ensalada de fruta, la Navidad, la montaña?**

5 **¿Cuál es su color favorito? ¿Qué colores (no) le gustan? ¿Por qué? Hable con su compañero/-a.**

Ejemplo: *+ ¿Te gusta el negro?* *– Sí, me gusta. Es muy elegante.*

oscuro feo frío triste elegante aburrido alegre

6 La combinación perfecta. Complete con los colores. Luego invente otras cuatro combinaciones.

1. La falda ____________ va bien con el jersey ____________.
2. Los pantalones ____________ van bien con una camisa ____________.
3. Y los vaqueros ____________ combinan muy bien con la camiseta ____________.
4. El traje ____________ va muy bien con la corbata ____________.
5. El vestido ____________ con la chaqueta ____________.
6. ¿Y el abrigo ____________? ¡Con los zapatos ____________!

7 ¿Qué tal el tiempo? Escuche y ordene los dibujos. Luego escuche otra vez y diga qué tiempo hace.

www 20

Gramática

8 ¿A qué prendas se refieren los pronombres en negrita? Puede haber varias posibilidades. Relacione.

los guantes   los zapatos   la corbata   las zapatillas de deporte   el abrigo   la falda
el traje   el gorro   las camisetas   los pantalones

1. Siempre **lo** llevo en invierno para el frío.
2. **Las** necesito para el gimnasio. Son muy cómodas.
3. **Los** llevo en las manos. Son de lana.
4. Es muy formal, pero **la** tengo que llevar con el traje en el trabajo.
5. Normalmente **la** usan las mujeres.
6. Es una prenda unisex. **Lo** llevan los hombres y las mujeres.
7. **Los** tenemos de muchos modelos. ¿Quiere verlos?

9 Complete los diálogos con lo / los / la / las o con le / les.

1. + Me quería probar estos vaqueros. – Muy bien, ¿en qué talla ________ quiere?
2. + ¿Me queda bien la camisa? – Sí, ________ queda perfecta.
3. + Necesitas un bañador nuevo. – ¿Por qué no ________ compras aquí? ¡Hay muchas ofertas!
4. + ¿Qué tal? ¿________ gusta (a ustedes) mi nuevo «look»? – ¡Nos encanta!
5. + Siempre llevas unas camisetas muy bonitas. ¿Dónde ________ compras? – Pues ________ compro en las rebajas.
6. + ¿Y tú qué haces con la ropa vieja? – ________ llevo a la Cruz Roja.

10a **¿Cuántos participios hay en esta serpiente? Sepárelos. Solo hay uno que es regular. ¿Cuál es?**

10b **Complete los diálogos con las formas del pretérito perfecto de ver, escribir, irse, decir, hacer, abrir, poner y romper.**

1. José, Luis: Ya ______________ (abrir / nosotros) todos los regalos, ¿no?

   Silvia: Sí … Oye, ¿dónde ______________ (poner / tú) el regalo de Carmen y Lola?

   José Luis: ¿Ese espejo tan horrible? Pues es que el gato lo ______________ (romper).

2. Lola: ¿Sabes algo de Silvia? No la ______________ (ver) desde la boda.

   Carmen: Sí, justo hoy me ______________ (escribir / ella) un correo desde el Caribe. Están de viaje de novios y todavía no ______________ (volver / ellos).

   Lola: Ah, ¿y qué te ______________ (decir / ellos)?

   Carmen: Que ______________ (hacer / ellos) muchas excursiones y ______________ (ver) sitios muy bonitos.

11 **¿Qué marcadores de tiempo se usan con el pretérito perfecto y cuáles con el indefinido? Agrúpelos y complete la tabla en su cuaderno.**

ayer hasta ahora anoche este mes el año pasado la semana pasada siempre esta semana algunas veces en 2014 el mes pasado el otro día este año hace dos años hoy el último día nunca el fin de semana pasado ya todavía no una vez este fin de semana últimamente

Pretérito perfecto	Pretérito indefinido

12 **¿Indefinido o perfecto? Fíjese en los marcadores y en el ejemplo y complete con la forma correcta de los verbos.**

1. ¿**Ya** *has comprado* el traje para la boda? – Sí, lo *compré* **el sábado pasado**. (comprar)
2. Bueno, ¿y vosotros **todavía no** ______________? – Sí, ______________ **hace un mes**. (casarse)
3. ¿Tú ______________ a Pablo **este año**? – No, no, lo ______________ **hace tres años o más**. (conocer)
4. Rosa ______________ **hace poco**, ¿no? – Sí, ______________ **el verano pasado**. (jubilarse)
5. ¿Tus padres ______________ juntos **toda la vida**, no? – Si, ______________ juntos **hasta el año pasado**. (vivir)
6. ¿(Tú) ______________ **hoy** de las vacaciones? – No, ______________ **el viernes pasado**. (volver)
7. ¿______________ **ya** el niño de Lucía y Paco? – Sí, ______________ **anoche**. (nacer)
8. ¿______________ **alguna vez** de una persona de otro país? – Sí, ______________ **el año pasado** de una chica peruana. (enamorarse)

Comunicación

13 **¿Qué preguntas le han hecho a Alex? Escríbalas en su cuaderno.**

1. Nací en Colombia.
2. Fui al colegio en Bogotá.
3. Terminé mis estudios en 2014.
4. Aprendí alemán en la Universidad.
5. Conocí a mi novia hace dos años.
6. Nos casamos el año pasado.

14 **Piense en alguien que conoce y escriba un pequeño texto sobre él / ella. Estas preguntas pueden ayudarle:**

¿Cómo se llama? ¿Dónde vive? ¿Qué hace? ¿Qué (no) le gusta? ¿Está casado/-a? ¿Cuáles son los datos más importantes de su biografía?

15 **Usted va a comprar ropa. ¿Qué dice en estas situaciones?**

Perdón,

Oiga, por favor,

Estos zapatos,

Perdón,

Lectura y redacción

16 **Lea el texto. ¿Qué le llama la atención? Luego resuma los datos más importantes. Compare con su país.**

Tendencias en España: población y bodas

Nacimientos y muertes

Actualmente la población en España desciende. Según datos del Instituto Nacional de Estadística, en los primeros seis meses del año 2015 el número de bebés que han venido al mundo es inferior al de personas que se han ido para siempre (20.000 menos). Los nacimientos han bajado un 0,8 %, mientras que el número de muertes ha aumentado un 10,5 %. El índice de natalidad es muy bajo en España. Las mujeres españolas son (junto con las italianas) las europeas que más tarde tienen hijos y las terceras que menos tienen. Se prevé que España va a perder un millón de habitantes en los próximos quince años y 5,6 millones hasta 2064.

¿Casarse o no casarse?

La visión del matrimonio y las bodas ha cambiado mucho y es muy diferente a la de hace treinta o cuarenta años. De hecho, hoy en día España es uno de los países de la Unión Europea donde menos bodas se celebran.
Por una parte, muchos jóvenes piensan que el matrimonio está pasado de moda y optan por otras formas de unión. Por otra parte, la crisis también influye.
Sin embargo, aunque menos que antes, la gente sigue casándose. Las bodas civiles superan mucho a las religiosas. Los datos del INE señalan que ha habido un aumento de de un 1,2 % de los matrimonios. Entre enero y junio de 2015 hubo 69.671 matrimonios, de ellos, un 2,6 % fueron de parejas del mismo sexo (1.803 matrimonios). Y un dato curioso: las bodas de personas de más de sesenta años han aumentado mucho y se han duplicado en los últimos diez años.

Unidad 12: ¿Tienes algún hobby?

Vocabulario

1 **Complete con el verbo correspondiente.**

hacer | jugar | montar | tocar | coleccionar | pintar

1. *coleccionar* postales antiguas
2. ______________ submarinismo
3. ______________ senderismo
4. ______________ al fútbol
5. ______________ cedés
6. ______________ esquí acuático
7. ______________ un instrumento
8. ______________ deporte
9. ______________ a las cartas
10. ______________ cuadros
11. ______________ a caballo
12. ______________ pasteles

2 **Marque la palabra que no corresponde.**

1. atracción	diversión	exposición	submarinismo
2. jugar	coleccionar	pastel	cantar
3. ciencia	alto	increíble	imposible
4. hacer picnic	saltar	hacer negocios	hacer deporte
5. árbol	río	montaña	edificio
6. verano	invierno	año	primavera

3 **Una las palabras y forme «parejas». ¡Ya sabe usted, los extremos se atraen!**

1. muchos	a) ningún	5. todo	e) ninguna
2. unos	b) ninguno	6. alguna	f) mucho
3. algún	c) otros	7. poco	g) nadie
4. algunos	d) pocos	8. alguien	h) nada

Gramática

4 **Complete con las formas correspondientes de algún / alguno/-a y ningún / ninguno/-a.**

1. + ¿Haces ______________ deporte?
   – No, no hago ______________ deporte.
2. + ¿Tienes ______________ afición?
   – No, ______________.
3. + ¿Tienes ______________ hobbis?
   – No, no tengo ______________ hobby.
4. + ¿Tienes ______________ pregunta?
   – No, no tengo ______________.
5. + ¿Te gustan los videojuegos?
   – No, no me gusta ______________.
6. + ¿Hablas ______________ lengua extranjera?
   – No, ______________.

5 **Relacione cada sustantivo con un adjetivo. Forme el superlativo absoluto y haga frases.**

Ejemplo: el cantante / bueno: *El cantante era buenísimo, cantaba salsa y bailaba.*

1. el cantante	a) caras
2. la torre	b) divertido
3. el espectáculo	c) bueno
4. las bebidas	d) hermosos
5. la exposición	e) alta
6. los parques	f) interesante

6 **Traduzca las frases.**

1. Die hohen Bäume sind das Schönste in diesem Park.

____

____

2. Das Wichtigste für mich ist, in der Natur zu sein.

____

3. Für uns ist es das Langweiligste, ins Museum zu gehen.

____

4. Was mich am meisten interessiert, ist meine Arbeit.

____

7 **Lea el correo electrónico y complételo con las palabras que faltan.**

algún | alguna | algunos | algo | alguien | nadie | cada | cada uno | cada una

Querida María Eugenia:

¿Qué tal, cómo estás? Gracias por las fotos. Tus hijas están ____________ día más guapas. Para su cumpleaños, les quiero regalar un bolso a ____________, ¿te parece bien o tienes ____________ idea mejor? Otra cosa: ¿sabes ____________ de Pablito? Yo hace mucho que no tengo noticias de él, pero ____________ me ha dicho que ya no vive en Zamora. He preguntado a ____________ amigos, pero ya sabes, ____________ está en sus cosas y ____________ sabe lo que hace Pablo ahora. Si ____________ día me llamas, te cuento.

Un abrazo,

Ana Sofía

Comunicación

8 **Lea el anuncio y contéstelo. Escriba en qué trabaja usted, qué hobbis tiene, cuántos años, qué le gusta y qué no, etc.**

Me llamo Quico Barranco y tengo 33 años.
He venido a la ciudad hace poco y busco gente para compartir aficiones y pasar mi tiempo libre.
Me gusta hacer deporte e ir a parques de atracciones. Además, toco tres instrumentos y colecciono corbatas. Puedes escribirme a quico@barranco.yoigo.es.

¡Hola, Quico!
Bienvenido a nuestra ciudad. Si quieres, tomamos una copa un día de estos y charlamos un poco. Enfrente del cine Rex hay un bar muy agradable. Yo …

9 **En «Divertolandia» están haciendo una encuesta. Algunos clientes no están satisfechos. Escuche las entrevistas y relacione cada entrevista con una frase y apunte el número del diálogo.**

www 21

1. ☐ Los toboganes, las torres y las tirolinas son peligrosos.
2. ☐ Hay mucha gente.
3. ☐ Los precios de las bebidas son demasiado altos.
4. ☐ El parque está demasiado lejos.
5. ☐ Hay poca naturaleza.

10 **Haga una entrevista a un compañero de trabajo.**

1 Fragen Sie, ob er viele Hobbys hat.	2 Ihr Arbeitskollege bejaht die Frage. Er hat mehrere.
3 Fragen Sie, welches der Hobbys er am liebsten mag.	4 Er antwortet, dass er am liebsten malt.
5 Sie fragen, ob Sie mal seine Bilder sehen dürfen.	6 Er bejaht und sagt, dass er Ihnen heute nach der Arbeit einige Bilder zeigen kann.
7 Sie bedauern es, aber heute joggen Sie mit einem Freund.	8 Er fragt, wie oft Sie in der Woche laufen.
9 Sie antworten zwei bis drei Mal die Woche. Sie fragen ihn, ob er auch nächste Woche mit Ihnen mitlaufen möchte.	10 Er entschuldigt sich. Er geht nicht so gerne laufen.

Lectura y redacción

11 **Lea el artículo y responda.**

Se inauguró en Renedo de Esgueva, Valladolid, «El Valle de los seis sentidos[1]»

En una finca de unos 18.000 m², 400 niños entre 3 y 16 años pueden aprender jugando con 60 juegos científicos. En el parque hay diferentes zonas que quieren desarrollar los sentidos: los cinco tradicionales y el sexto, la imaginación de los niños.

El parque quiere que niños con o sin discapacidad[2] puedan compartir los juegos. Así, por ejemplo, el «Puente de Cuerdas»[3], un puente de 18 metros unido por dos pirámides de más de 8 metros (de altura). Parece un puente normal, pero es el único que también es para personas en silla de ruedas.[4]

El juego más novedoso[5] es el Columpio asociado.[6] Un columpio se mueve y con la energía mueve también al otro columpio. En el «Palacio de los sentidos» hay piedras de la zona, y los niños pueden balancearse[7] sobre una de ellas, o pueden mover una de varias toneladas con una sola mano.

Estos y muchos otros juegos novedosos esperan a grandes y niños en «El Valle de los seis sentidos» durante todo el año. ¡Venga a visitarnos!

HORARIO
De octubre a marzo: de 11:00 h a 18:00 h
De abril a septiembre: de 11:00 h a 21:00 h

PRECIOS
Entrada[8] única: 3 euros
Grupos (+ 15 personas): 2 euros
Menores de 3 años: entrada gratuita

1 **el sentido:** Sinn
2 **la discapacidad:** Behinderung
3 **el puente de cuerdas:** Seilbrücke
4 **la silla de ruedas:** Rollstuhl
5 **novedoso:** neu
6 **el columpio asociado:** zusammenhängende Schaukel
7 **balancearse:** balancieren
8 **la entrada:** Eintritt

Responda.

1. ¿Es «El Valle de los seis sentidos» un parque pequeño? ____________________
2. ¿Para qué público es? ____________________
3. ¿Cuándo abre? ____________________
4. ¿Cuánto cuesta la entrada al parque? ____________________
5. ¿Por qué se llama «El Valle de los seis sentidos»? ____________________

12 **Informe. ¿Hay parques parecidos en su país? ¿Ha estado alguna vez?**

13 **Explique. ¿Qué hacen los alemanes en su tiempo libre?**

Unidad 13: Antes era diferente

Vocabulario

1 **Descubra las actividades que aparecen en la serpiente y escríbalas en su cuaderno.**

2 **¿Cómo se dice en español? Traduzca.**

1. das Haus sauber machen
2. sich um die Kindern kümmern
3. die Wäsche in der Waschmaschine waschen
4. die Pflanzen gießen

Gramática

3 **Complete las frase usando ni … ni.**

En la escuela, Juan no aprendió

ni alemán ni francés.

En el siglo XVIII, no había

A mí no me gusta

Ayer no compré en la tienda

Laura no lleva

Mi hermana no come

4 **Sopa de letras. Descubra diez formas del pretérito imperfecto.**

g	u	s	t	a	b	a	y	i	b	a	t
e	t	o	m	a	b	a	v	e	í	a	e
r	b	a	i	l	á	b	a	m	o	s	n
a	m	e	e	s	t	a	b	a	n	e	í
j	u	g	a	b	a	s	h	a	b	í	a

5 **La historia de Pepe. Complete las frases con los verbos.**

tenía	nos encontrábamos	era	pasaba	era
vivía	gustaba	estudiaba	nos íbamos	era

1. Antes Pepe ________________ muy delgado y ________________ el pelo largo. Ahora está un poco gordo y no tiene pelo.
2. ________________ en La Coruña y ________________ en Santiago de Compostela. Ahora vive en Múnich y no estudia, trabaja.
3. Antes ________________ mucho tiempo con su mujer. Ahora pasa horas con el ordenador.
4. A Pepe, antes, no le ________________ la sopa. Ahora le encanta.
5. Antes, él y yo ________________ después del trabajo e ________________ a nadar. Ahora nos vemos poco.
6. Sí, antes Pepe ________________ un tipo muy divertido. Ahora, es muy serio.
7. Así ________________ y así es Pepe, mi papá.

6 **Una las columnas y forme frases.**

1. Por las mañanas, yo siempre	levantabas	en la fiesta.
2. Antes, mi hermana y yo	decidieron	dos tazas de café con leche.
3. Cuando llegué, ellos aún no	vendisteis	casarse en invierno.
4. Y, en verano, ¿también te	íbamos	siempre a las seis?
5. María, de pequeña,	tomaba	muy bien con sus hermanos.
6. Vosotros, ¿	estaban	en autobús o a pie al colegio.
7. Ayer Juan y Elena	se llevaba	la casa el mes pasado?

7 **Una leyenda mapuche: El canto del amor. Complete las frases usando el pretérito indefinido o el pretérito imperfecto.**

1. Hace cinco siglos, en el país que hoy es Chile ________________ (vivir) una hermosa joven.
2. ________________ (llamarse) Rayentrai.

3. ________________ (ser) de una tribu de la familia de los indios mapuches.
4. A Rayentrai ________________ (gustar) estar siempre en el bosque.
5. Por las mañanas ________________ (subir) a la montaña.
6. En el camino ________________ (buscar) siempre una flor roja.
7. Cuando ________________ (llegar) arriba, ________________ (sentarse) en una piedra y desde allí ________________ (mirar) el paisaje y ________________ (pensar) en su vida.
8. Una tarde ________________ (escuchar) un ruido.
9. ________________ (levantarse), ________________ (caminar) un poco y ________________ (ver) a un joven que ________________ (estar) herido.
10. ¿Puedo ayudarte?, le ________________ (preguntar) Rayentrai. El joven no ________________ (decir) nada.
11. Ella le ________________ (preguntar) otra vez y él ________________ (contestar) que sí.

8 **Complete con los verbos en indefinido. ¡No olvide los irregulares!**

1. Gonzalo no ______ (creer) la noticia que ______ (leer) en el periódico.
2. Las chuletas de Ana estaban tan ricas que sus invitados le ______ (pedir) la receta.
3. Pepe ______ (volver) a casa tarde y ______ (dormir) toda la noche.
4. María no ______ (comprender) la pregunta, por eso el profesor la ______ (repetir).
5. Había mucho tráfico, por eso, Ana y Eva ______ (preferir) coger el metro para ir a la fiesta.

Comunicación y mediación

9 **¿Cómo era antes y cómo es ahora? Escriba cinco frases como la del ejemplo.**

Ejemplo: *Antes la gente no hacía mucho deporte. Ahora muchos van al gimnasio.*

10 **Escriba un posible final para la leyenda del ejercicio 7.**

11 **Haga preguntas.**

1. *Cuando tú eras niña / niño, ¿qué hacías los domingos por la tarde?*

   Los domingos por la tarde iba a pasear con mis padres.
2. ______

   Vivía en Austria.
3. ______

   Antes jugábamos en la calle.
4. ______

   Me encantaba jugar al fútbol.
5. ______

   Pasaba el verano en la playa con mis abuelos.
6. ______

   Mi juguete preferido era una muñeca que se llamaba Barriguitas.
7. ______

   No, no había cine.
8. ______

   Sí, mucho. Mi profesora era muy simpática.

12 **Haga frases con (no …) ni … ni.**

Ejemplo: *Tú – ir al cine – al teatro. Tú no vas ni al cine ni al teatro. / Tú ni vas al cine ni al teatro.*

1. Mimi – comer – carne / pescado ______
2. Antonio y Juan – hablar – inglés / francés ______
3. A Quique – gustar – playa / mar ______
4. Nosotros – viajar – avión / barco ______
5. Luisa – conocer – París / Londres ______
6. La ahijada de David – saber – leer / escribir ______

Lectura y redacción

13 **Lea el texto y responda a las preguntas.**

Juan Evo Morales se convirtió en diciembre de 2005 en el primer presidente indígena de Bolivia. Eso sorprendió a muchos, pues el 62 % de los habitantes de Bolivia son indígenas, aunque hasta ahora nadie había llegado a ser presidente.

Evo nació el 26 de octubre del año 1959 en la comunidad de Isallavi, en el Departamento de Oruro en Bolivia. Sus padres, Dionisio Morales Choque y María Mamani, eran campesinos y tuvieron siete hijos, de los cuales viven sólo tres.

Su familia era pobre, y producía papas (= patatas) y criaba llamas[1]. Mientras Evo cuidaba de las llamas, jugaba al fútbol, una gran afición de Evo.

La casa de su niñez la describe Evo así: «En Isallavi vivíamos en una casita de adobe[2] y techo de paja[3]. Era pequeña: no más de tres por cuatro metros. Nos servía como dormitorio, cocina, comedor y prácticamente de todo; al lado teníamos el corral[4] para nuestros animales. Vivíamos en la pobreza como todos.»

A los 13 años, en 1972, Evo se trasladó a Oruro, para seguir sus estudios. Mientras estudiaba trabajó entre otras cosas como panadero. También se ganó la vida en una banda de música donde tocaba la trompeta.

Desde 2006 Evo Morales es Presidente de Bolivia. Y así pasó de ser un pobre campesino a presidente de Bolivia.

1 **criar llamas:** Lamas züchten
2 **la casa de adobe:** Lehmziegel
3 **el techo de paja:** Strohdach
4 **el corral:** Hof, Stall, Gatter

1. ¿De qué país es presidente Evo Morales? ______
2. ¿Dónde nació? ______
3. ¿Cuál era la profesión de sus padres? ______
4. ¿Cómo era la casita donde vivían cuando era pequeño? ______
5. ¿Qué deporte practicaba Evo cuando era joven? ______

Unidad 14: Solidaridad sin fronteras

Vocabulario

1 a **Lea los nombres de los proyectos y busque el eslogan correspondiente para cada uno. ¿Qué tipo de proyecto puede ser?**

proyecto ecológico | proyecto terapéutico | proyecto social | proyecto cultural

¡Aprender es guaaau!

MotiARTE

SALVAR EL PLANETA

MuéveteXSiria

APRENDER ES GUAU

Con tu apoyo, apoyamos a los refugiados.

Anímate con el arte. Proyecto de formación en artesanía, teatro y dibujo.

Cuando reciclas, la Tierra te dice «gracias de corazón».

Alfabetización emocional para niños

1 b **Busque en Internet un proyecto solidario y preséntelo. ¿De qué tipo es? ¿Cuál es el objetivo?**

2 a **Valoraciones. ¿Cómo fue? ¿Cómo se dice en español?**

1. **Es war** fantastisch!
2. … aufregend!
3. … ganz schlecht.
4. … anstrengend.
5. … ein Erfolg!
6. … perfekt!
7. … beindruckend!
8. … wunderbar!
9. … sehr schön!
10. … toll!
11. … langweilig.
12. … sehr angenehm.

2 b **Hagan valoraciones como en el ejemplo:**

+ ¿Qué tal en el Machu Picchu? – *¡Fantástico! Fue impresionante.*
+ ¿Cómo fue el viaje? – *Bien, pero fue un poco pesado.*

el proyecto | el día | la fiesta | el viaje | la reunión | el encuentro con … | …

3 **¿Cuál es el intruso? Busque la palabra que no corresponde en cada serie.**

1. río – lago – frontera – laguna – mar
2. bosque – vegetación – plantar – selva
3. clima – región – ciudad – capital – pueblo – comunidad
4. colaborar – padecer – participar – ayudar – apoyar – proteger

4 a **Estados de ánimo. ¿Sabe «leer en la cara»? Mire a estas personas y escriba cómo están.**

contento/-a | enfadado/-a | cansado/-a | triste | estresado/-a

4b Termine las frases.

1. Juan normalmente es muy tranquilo pero hoy está __________.
2. Mi compañera María es muy alegre y simpática. Y siempre está __________.
3. Uf, ¡vaya día! He tenido mucho trabajo, estoy __________.
4. Bea ha discutido con Raúl y está un poco __________.
5. Fernando está __________ porque Marta ha llegado otra vez tarde.

Gramática

5 Ángela habla de su experiencia solidaria. Complete con los verbos correspondientes en indefinido.

ser (3x) plantar colaborar empezar poder organizar hacer

1. El año pasado __________ a colaborar como voluntaria en el proyecto «Árboles solidarios».
2. El sábado (nosotros) __________ una campaña que se llama «Árboles x alimentos».
3. El objetivo principal __________ reunir dinero para comprar alimentos. Mucha gente solidaria __________ apadrinando un árbol por cinco euros. Con ese dinero __________ comer muchas personas en los comedores sociales.
4. Pero además, mis compañeros y yo también __________ algo por el medio ambiente: __________ muchos árboles en las zonas afectadas por incendios y otros desastres naturales.
5. Las actividades __________ un éxito y para mí la experiencia __________ muy positiva y emocionante.

6 Decida. ¿Cuál es la forma correcta?

1. El domingo yo **fui** / **fue** a un concierto solidario.
2. Alexander **tuve** / **tuvo** una buena nota en Español.
3. Daniel no **fue** / **estuvo** a la carrera solidaria.
4. ¿**Estuvisteis** / **Fuisteis** en la actividad el viernes?
5. La experiencia **fui** / **fue** muy buena para mí.
6. Nacho y yo **fuimos** / **fueron** a México.
7. Yo **puse** / **pude** ayudar un poco en el proyecto.
8. Los dos meses en Perú **fue** / **fueron** fenomenales.

7 **¿Ser o estar? Escriba la forma correcta. Después escriba en su cuaderno por qué se usa el verbo ser o estar en cada caso.**

1. + Palma ______ [1] la capital de las Baleares. ______ [2] en la isla de Mallorca.
   – ¿Y a cuántos kilómetros ______ [3] Mallorca de la península?
2. Hola, ¿cómo ______ [4]? Yo, fenomenal. ;-) Ahora ______ [5] en Lanzarote.
   Lanzarote ______ [6] una isla muy bonita. ¡Ahora ______ [7] en la playa! Besos, Merce
3. + Perdona, ¿dónde es la clase de español? (Yo) ______ [8] en el curso A2-244.
   – A ver, la clase ______ [9] en el aula 44.
   + ¿Y el aula 44, dónde ______ [10]?
   – En el segundo piso, por allí a la izquierda.
4. – ¿Y tú, a qué te dedicas?
   + Bueno, ahora ______ [11] de recepcionista en un hotel, pero en realidad ______ [12] bióloga. ¿Y tú?
   + Yo ______ [13] ingeniero, pero ahora ______ [14] en paro.

Comunicación

8 **¿Qué les ha pasado? Escriba cómo están y qué les ha pasado a estas personas.**

9 **Formen grupos y preparen pequeños diálogos sobre las siguientes situaciones. A ver qué grupo inventa las excusas más originales.**

1. El jefe o jefa ha dicho que hoy no está para nadie y no quiere absolutamente ninguna llamada o visita. Justo hoy llaman o vienen algunas personas para hablar con él / ella. ¿Qué excusa les da?
2. Un amigo le pide prestados mil euros. Invente una excusa para no dárselos.
3. Usted tiene una celebración familiar a la que no le apetece nada ir. Busque una buena excusa para darles a sus parientes.
4. ¿Otras situaciones?

10 ¡Lo siento! Es que … Invente excusas y explicaciones. Utilice Es que o porque … + pretérito perfecto.

1. Lo siento, llego un poco tarde. *Es que he perdido el tren.*
2. Lo siento, hoy no nos podemos ver.
3. No te traído nada de regalo.
4. No puedo ir al trabajo.
5. Hoy no te puedo invitar.
6. No te he podido llamar.
7. No puedo quedarme mucho tiempo.
8. No puedo jugar al tenis contigo.

Lectura y redacción

11 a **Lea el texto y elija un título para cada isla. Busque palabras adecuadas para definir a cada isla.**

la isla verde | la volcánica | la clásica | la solitaria | la pequeña | la arenosa | la de muchas caras

Las Islas Afortunadas

Las Canarias, que también reciben el nombre de Islas Afortunadas, entre otras cosas por el clima suave todo el año, están en el océano Atlántico, cerca de la costa de África, a unos 1.500 kilómetros de la Península Ibérica. Las Canarias son muy diferentes entre sí, cada una tiene una imagen especial.

Gran Canaria está en el centro del archipiélago. Por sus contrastes, se dice de ella que es un «continente en miniatura»: el clima, la flora y la fauna son muy variados. Un atractivo especial son sus piscinas y playas naturales. Hay mucho turismo y comercio.

Tenerife es la isla más grande, famosa por sus paisajes: playas, desiertos, montañas, plataneras … y en medio de todo está el Teide, un volcán de 3.715 m, que es la montaña más alta de España. Además de disfrutar de las playas, los deportes de montaña, senderismo y excursiones en bicicleta, en Tenerife se puede admirar la arquitectura de sus iglesias y conventos así como la influencia árabe.

Lanzarote tiene un paisaje extraordinario que parece de otro mundo. En ella dominan dos colores: el blanco de los pueblos y el negro de la lava volcánica. Y, gracias al artista César Manrique, la isla tiene también espacios llenos de fantasía. Hay, además, centros turísticos y bellas playas.

Fuerteventura es de color dorado y tiene playas de arena muy largas. Por el viento constante es un paraíso para el windsurfing, y el centro de la isla, que parece un desierto, es muy popular entre los aficionados a la bici.

La Gomera, al oeste de Tenerife, es redonda y pequeña. Es una isla montañosa de grandes contrastes y lugar favorito para el turismo individual, para el senderismo y para los hippis.

La Palma, también llamada la Isla Bonita, es una isla que siempre está verde. Tiene una naturaleza muy rica y exótica.

En el oeste está **El Hierro**, isla considerada durante siglos como «el fin del mundo». Es una isla solitaria, ideal para unas vacaciones tranquilas.

11 b **Lea otra vez y decida: ¿qué isla prefiere? Justifique su elección.**

Unidad 15: ¿A qué te dedicas?

Vocabulario

1 **Las palabras del mundo del ordenador. Mire las fotos y ponga los números. ¿Qué objetos faltan?**

1. el (ordenador) portátil
2. la pantalla
3. el teclado
4. el USB
5. el disco duro
6. el ratón
7. la impresora
8. el escáner
9. el acceso a Internet
10. la tableta / el iPad
11. la carpeta
12. el programa
13. el CD-Rom / DVD
14. la arroba
15. los auriculares
16. el lector de CD-Rom / DVD
17. la cámara
18. el cartucho de tinta

2 **Tache las palabras que no corresponden.**

1. el documento – el archivo – el papel
2. el disco duro – el archivo – el lápiz de memoria
3. la impresora – la empresa – el escáner
4. el cine – la pantalla – el programa
5. el teclado – el tren – el ratón
6. el armario – la carpeta – el portátil

3 **Escuche los tres mensajes en el contestador de la empresa «S.O.S» y ordene los problemas que se mencionan.**

www 22

☐ Se ha bloqueado el sistema. ☐ No se pueden abrir los archivos. ☐ No tiene acceso a Internet.

Gramática

4 **Mire los dibujos y complete con acabar de + infinitivo. Use comprar, llegar y salir.**

1. Antonio y Maripaz están felices porque se ________ ________ ________ un coche nuevo.
2. ¡Hola, José!, ¿qué tal? Sí, nosotros ________ ________ ________ a casa. ¿A qué hora vienes?
3. ¡Roberto! ¿Puedes abrir la puerta? Yo ________ ________ ________ de la ducha.

5 **Complete las frases con presente, pretérito perfecto o pretérito indefinido.**

1. El año pasado mi mujer ________ (comprar) un ordenador.
2. ________ (hacer) un curso y ________ (aprender) a usarlo bastante bien.
3. Hasta ahora nunca ________ (bloquearse) el sistema.
4. Cuando llega del trabajo ________ (encender) el ordenador.
5. Siempre ________ (escribir) documentos y ________ (enviar) correos.
6. Pero ayer ________ (querer) imprimir un documento y no ________ (poder).
7. ________ (tener) que llamar al servicio de reparaciones, pero no ________ (venir).
8. Mientras tanto, por suerte, ya ________ (solucionarse) el problema.

6 **Tache la preposición incorrecta.**

1. + ¿Vienen directamente a Barcelona o pasan **para** / **por** Madrid?
   – Hasta ahora no lo sabemos.
2. + ¿**Para** / **Por** cuándo necesitan las fotos?
   – **Para** / **Por** mañana, **para** / **por** favor! ¿Es posible?
   + Sí, **para** / **por** suerte, sí.
3. + ¿Este fax es **para** / **por** mí?
   – No, no es **para** / **por** ti. Es **para** / **por** Carmen.
4. + ¿Puedo mirar estas fotos?
   – **Para** / **Por** mí, ¿por qué no?
5. + Bueno, adiós y gracias **para** / **por** todo.
   – De nada, hablamos el lunes **para** / **por** la mañana, ¿no?
   + Claro que sí.
6. + Perdón, ¿hay una parada de autobús **para** / **por** aquí?
   – Sí, claro, allí enfrente de la panadería.

7 **Complete los diálogos con muy o las formas adecuadas de mucho y demasiado.**

1. + ¡Hola! ¿Qué tal?
   – ________ bien, ¿y tú?
   + ________ mal. Tengo ________ problemas.
   – Es que tú trabajas ________.
   + Sí, pagan ________ poco y tengo que trabajar ________.
2. + El hotel es ________ bueno.
   – Y no es ________ caro, ¿no?
   + No, cuesta 85 € por noche. Eso no es ________.
   – Y la playa, ¿está ________ lejos?
   + Sí, para ir a pie está ________ lejos.

8 Complete las preguntas y relacione cada pregunta con la respuesta adecuada.

a qué	qué	de quién	quién	dónde	de qué	para quiénes

1. ¡Hombre, qué coche! ¿ ______ es?
2. ¿ ______ trabaja Carmen?
3. ¿ ______ se dedica la empresa?
4. ¿Y ______ se ocupa Carmen?
5. ¿ ______ son los seminarios?
6. ¿ ______ es el jefe de Carmen?
7. ¿ ______ hace?

a) En el departamento de personal.
b) Son para los empleados.
c) Organiza seminarios.
d) Contrata a los nuevos empleados.
e) A la fabricación de neveras.
f) Es de Carmen.
g) Es Pablo.

Comunicación y mediación

9 Ordene los saludos y despedidas.

	formal	informal
1. Querida Paulina:	☐	☐
2. Estimados señores:	☐	☐
3. Muy señor mío:	☐	☐
4. ¡Hola, Roberto!	☐	☐
5. ¡Hola a todos!	☐	☐
6. Estimada señora Pacheco:	☐	☐
7. ¡Hasta pronto!	☐	☐
8. Quedo a la espera de sus noticias	☐	☐
9. Saludos cordiales	☐	☐
10. Le saludamos muy atentamente	☐	☐
11. Muchos saludos	☐	☐
12. Un abrazo	☐	☐

10 ¿Cómo se dice en alemán? Utilice por o para.

1. Sie wollen sich bei Ihrem Freund für eine Einladung bedanken.

______

2. Sie erzählen, dass Sie durch Paris fahren.

______

3. Sie fragen am Flughafen, ob dies der Flug nach Lima ist.

______

4. Sie haben sich für 600 Euro einen neuen Computer gekauft.

______

5. Sie übergeben ein Geschenk und sagen: „Das ist für dich."

______

Lectura y redacción

11 a **Lea el siguiente artículo y conteste las preguntas.**

Las cien mujeres más poderosas[1] del mundo

La revista Forbes ha publicado una lista de las cien mujeres más poderosas del mundo. También este año ocupa la canciller alemana el primer puesto.
Entre las españolas sólo se encuentra este año la empresaria Rosalía Mera.
Rosalía Mera fundó con el empresario Amancio Ortega, su ex marido, Confecciones Goa, y más tarde, Inditex. Su fortuna[2] viene de fundar este último grupo, al que pertenece entre otras Zara, y que hoy en día es la segunda empresa textil del mundo, detrás de Gap.
De Rosalía Mera la revista Forbes destaca[3] que, siendo una de las mujeres más ricas de España, en los últimos años ha abandonado los negocios por las causas humanitarias[4].

1 **poderoso/-a:** mächtig, einflussreich
2 **la fortuna:** Vermögen
3 **destacar:** herausheben
4 **las causas humanitarias:** humanitäre Zwecke

1. ¿Quién es según Forbes la mujer más poderosa del mundo?

____

2. ¿Quién es la mujer más poderosa de España?

____

3. ¿Qué empresa fundó con su ex marido?

____

4. ¿Cómo se llama la empresa que hizo rica a Rosalía Mera?

____

5. ¿A qué se dedica Rosalía Mera en los últimos años?

____

11 b **¿Conoce a otras mujeres poderosas? Describa a qué se dedican.**

____

____

____

____

Unidad 16: Ser feliz, pero ¿cómo?

Vocabulario

1 Haga el crucigrama.

1. Programa de televisión española: «Operación …»
2. Trabajar mucho y tener … en la profesión.
3. Tener buenos padres y una buena …
4. Salir y hacer algo con los …
5. Bailar salsa, merengue, … alegre.
6. Tener *hobbis* y … interesantes
7. Tener bastante … para gastar
8. Querer mucho a alguien. No hay nada como el …
9. Lo principal es la buena …

1	*T*	*R*	*I*	*U*	*N*	*F*	*O*				
					2	*E*				*O*	
3		*F*						*A*			
			4	*A*			*G*				
5			*Ú*	*S*			*A*				
6				*I*							
					7	*D*					
					8				*R*		
9			*A*			*D*					

Todos estos factores contribuyen a la

_______________________________________.

2 Apunte los factores que contribuyen a su bienestar personal.

Para mí es importantísimo (1) / importante (2) / no demasiado importante (3) / bastante (4) / poco (5) / nada (6) importante.

- ☐ tener salud
- ☐ jugar con mi perro
- ☐ un día de sol
- ☐ una buena comida
- ☐ tener muchos amigos
- ☐ tener un trabajo interesante
- ☐ viajar
- ☐ hacer deporte

3 Relacione las dos columnas y encontrará seis citas famosas.

1. Las personas felices
2. La felicidad es amor, no otra cosa.
3. Felicidad no es hacer lo que se quiere,
4. Para ser feliz basta con tener buena salud
5. Con las flores, los libros y la luna

a) El que sabe amar es feliz. *Hesse*
b) ¿quién no sería perfectamente feliz? *Wilde*
c) y mala memoria. *Bergmann*
d) es querer lo que se hace. *Goethe*
e) no tienen historia. *Beauvoir*

4 ¿Cuál o cuáles de estas cosas le molestan y le impiden ser feliz?

los vecinos | el tráfico | los atascos | el ruido | la factura de la luz

Gramática

5 Ana cuenta cómo resolvería su familia los problemas de dinero. Complete con el verbo indicado, en condicional.

Nosotros ____________ (gastar) menos, por ejemplo, no ____________ (tomar) taxis. Mi padre ____________ (pedir) un crédito al banco, mi madre ____________ (hacer) traducciones. Mis hermanitos ____________ (vender) sus libros viejos y yo ____________ (trabajar) en un bar. ¡Ah! y mi abuela ____________ (sacar) por el fin el dinero que tiene debajo del colchón. Y vosotros, ¿qué ____________ (hacer) en ese caso?

6 ¿Qué haría usted en caso de … Complete las frases con los verbos del recuadro.

pedir | ir | viajar | hacer | poner | trabajar | invitar | tomar

1. … necesitar más dinero?
   a) Yo ____________ más horas.
   b) Yo se lo ____________ a mi padre.
2. … no recordar donde está su coche?
   a) ____________ a la policía.
   b) ____________ un anuncio en el periódico.
3. … no conocer a nadie en la ciudad?
   a) ____________ un curso de la universidad.
   b) ____________ a mis vecinos a casa.
4. … encontrar un billete de 500 €?
   a) ____________ una fiesta.
   b) ____________ a París.

7 **¡Qué amable! Complete los minidiálogos con el condicional.**

1. + ¿__________ venir mañana? – No, no puedo.
2. + ¿Me __________ el favor? – Por supuesto, por ti lo hago todo.
3. + ¿Dónde __________ vosotras las flores? – Se pueden poner en la ventana.
4. + ¿Puedes ayudarme? – Te __________, pero no tengo tiempo.
5. + ¿Qué le digo a Juan? – Pues, yo no le __________ nada.

8 **Complete con el condicional. En el recuadro vertical se esconde la solución a la pregunta.**

1. yo / poder
2. nosotros / ser
3. ellos / decir
4. nosotras / querer
5. él / haber
6. nosotras / estar
7. nosotros / estar
8. yo / comprar
9. ella / sentir

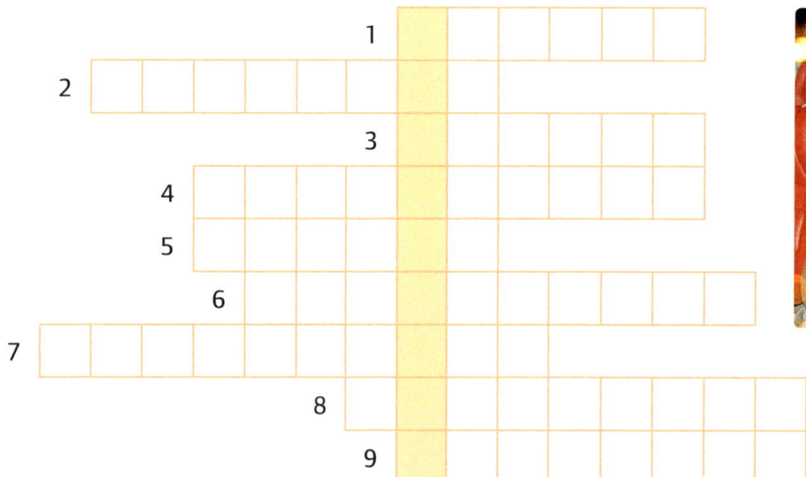

Solución: + ¿Qué hacemos esta noche? – __________ ir al cine.

Comunicación

9 a **Imagine qué problema tienen estas personas para hacer lo que quieren. Complete las frases.**

1. A Lucía le gustaría tener un gato, pero *su marido no quiere gatos en casa.*
2. Rosa haría submarinismo, pero su novio __________
3. Jorge se compraría un coche, pero __________
4. Eugenia estudiaría chino, pero __________
5. Daniel y Eva se quedarían más tiempo en la fiesta, pero __________

9 b **Te toca a ti** **¿Qué podrían hacer las personas del ejercicio 9a? ¿Qué haría usted? Busque soluciones y comente con los compañeros.**

Ejemplo: *Yo que Lucía me compraría un perro.*

Lectura y redacción

10a Lea el artículo.

Primer mapa mundial de la «felicidad»

Según un estudio realizado por Adrian White, psicólogo social de la Universidad de Leicester, en el Reino Unido, el país más feliz del mundo es Dinamarca, seguido de Suiza y Austria. Zimbawe y Burundi son los últimos de la lista. Venezuela es el país suramericano que mejor se ubicó en el listado llegando al puesto 25, le sigue Colombia en el 34, mientras que Ecuador y Bolivia en el 111 y 117 respectivamente. Los Estados Unidos están en el lugar 23; Inglaterra, en el 41; Alemania, en el 35; España, en el 46 y Francia en el 62.
El investigador, que utilizó datos publicados por la Organización de las Naciones Unidas para la Educación, la Ciencia y la Cultura (UNESCO) y de la Organización Mundial de la Salud (OMS), entre otros organismos, analizó 178 países y se basó en las respuestas de 80.000 personas.
Los niveles de felicidad de una nación están directamente asociados con la salud, el bienestar económico y la educación. White reconoció que estas medidas no son perfectas, pero agregó que eran las mejores disponibles y eran las que los políticos utilizaban para referirse al éxito relativo de cada país. «El concepto de felicidad, o satisfacción en la vida, es actualmente una amplia área de investigación en la economía y la psicología», subrayó White.

10b Responda.

1. ¿Quién y dónde se realizó este estudio?
2. ¿Cuál es el tema?
3. ¿Qué país es el más feliz según el estudio?
4. ¿En qué lugar se encuentra Alemania?

11 ¿Qué piensa usted de este estudio?

Unidad 17: Nuevos horizontes

Vocabulario

1 a ¿Qué palabras asocia con «emigración»? Haga un mapa mental.

- echar de menos / extrañar
- mezcla de culturas
- emigrante
- *emigración*

1 b Escriba cinco frases con las palabras anteriores.

Gramática

2 ¿Durante o mientras? Marque cuál de las dos es correcta en cada frase.

1. El año pasado viajé por América Latina **durante** / **mientras** ocho meses.
2. **Durante** / **Mientras** viajaba de un país a otro, vi paisajes increíbles.
3. **Durante** / **Mientras** el verano me quedé en Chile y luego me fui a Perú.
4. **Durante** / **Mientras** pasaba unos días en Bogotá, conocí a mis amigos Sandra y Pablo.
5. Aprendí mucho sobre la cultura y las costumbres **durante** / **mientras** todo el viaje.

3 a ¿Qué estaban haciendo? ¿Qué pasó? Haga frases.

a

nosotros – cenar / alguien llamar a la puerta

b

yo – dar un paseo por la calle / ver un accidente

c

Ana – hablar por teléfono con … / llegar – su marido

d

Juan y yo – cocinar / desaparecer el pescado

3 b Continúe haciendo frases con estas situaciones.

1. Nosotros / escuchar el concierto – sonó mi móvil
2. Yo / dar un paseo en bicicleta – empezar a llover mucho
3. Yo / pensar en ti – justo (tú) llamar por teléfono
4. Nosotros / ver un partido de fútbol – llegar mi suegra
5. Carlos / correr por el parque – perder las llaves de casa

4 **Los señores Gómez volvieron un día antes de las vacaciones. ¿Qué se encontraron cuando llegaron a casa? Describa.**

Ejemplo: *Cuando **llegaron** a casa, sus hijos **estaban haciendo** una fiesta.*

5 **Complete con el tiempo del pasado que falta.**

¡RECUERDA!

Im *Imperfecto* steht der Rahmen oder Hintergrund einer Handlung.

1. Yo __________ (estar) en la playa tomando el sol. __________ (haber) bastante gente y __________ (hacer) sol **cuando de pronto empezó** a llover.
2. __________ (ser) las once de la mañana. __________ (estar / yo) tomando un café y leyendo el periódico en el Bar Blanco. Todo __________ (estar) tranquilo cuando **de pronto se oyó** un ruido horroroso. ¡Un accidente!
3. __________ (estar / yo) en la plaza. __________ (haber) mucha gente. Unos señores __________ (llevar) un sombrero muy grande. **De pronto sacaron** sus instrumentos **y empezaron** a cantar. Me **gustó** mucho.

6 Elija el tiempo correcto.

1. La última vez que **iba / fui** al cine **me encontraba / me encontré** con Julio.
2. Mientras **tomaba / tomé** una cerveza me **robaban / robaron** el coche.
3. Mis padres **emigraban / emigraron** en el año 1975 a Alemania.
4. **Pasábamos / Pasamos** las vacaciones en Argentina. ¡Fue muy romántico!
5. Antes **iba / fui** mucho al teatro, pero ahora no tengo tiempo.
6. Después de 1945 muchos fascistas **se fueron / se iban** a Latinoamérica.
7. ¿A que no sabes qué **pasaba / pasó** ayer en la oficina?
8. El sábado **llovió / llovía** durante toda la mañana y de repente **salía / salió** el sol.

Comunicación

7 Conociendo gente en un bar de Madrid. ¿Qué pregunta Andrés?

¿A qué te dedicas ahora? ¿Por qué? ¿Es la primera vez que vienes a España?
¿Estás de vacaciones? ¿Me das tu número de móvil? No eres de aquí, ¿verdad?

A: ____________________

M: No, soy de México.

A: Hola, yo soy Andrés.

M: Mucho gusto, yo soy Mónica.

A: Oye y ____________________

M: No, el año pasado estuve en Sevilla, pero en Madrid sí es la primera vez.

A: ____________________

M: No, no, vine a trabajar. Empecé la semana pasada.

A: ¿A trabajar? Pero eres muy joven, ¿no?

M: Pues … no tanto. Terminé mis estudios hace ya tres años.

A: ____________________

M: Trabajo en *Marketing* en una empresa textil.

A: Ah, vale. Y ____________________

M: Pues … mira, ¿ves a ese chico que está allí?

A: Sí ____________________

M: Es que es mi marido y …

8 Imagine que va a hablar con una persona de un país hispanohablante que vive en su ciudad. Prepare algunas preguntas para saber algo de él / ella. ¿Qué dice para preguntar …?

Sie möchten wissen …

1. aus welchem Land / Stadt / Region er / sie kommt. ____________________
2. wie lange er / sie in Ihrem Land / Ihrer Stadt wohnt. ____________________
3. aus welchem Grund er / sie hierher kam. ____________________
4. wie der erste Eindruck war. ____________________
5. was / wen er / sie vermisst. ____________________
6. was ihm / ihr hier gefällt / nicht gefällt. ____________________
7. ob er / sie bleiben will / zurück (in die Heimat) will. ____________________

9 Marque con una cruz la traducción correcta.

1. Sie sind wegen der Familie ausgewandert.
   a) ☐ Emigraron para la familia.
   b) ☐ Emigraron por la familia.
2. Sie haben sich im Internet kennengelernt.
   a) ☐ Se conocieron para Internet.
   b) ☐ Se conocieron por Internet.
3. Einerseits fühle ich mich sehr wohl hier.
   a) ☐ Para una parte me siento muy bien aquí.
   b) ☐ Por una parte me siento muy bien aquí
4. Vielen Dank für die Einladung.
   a) ☐ Muchas gracias para la invitación.
   b) ☐ Muchas gracias por la invitación.
5. Wir kamen aus politischen Gründen her.
   a) ☐ Vinimos para motivos políticos.
   b) ☐ Vinimos por motivos políticos.
6. Warum studierst du in Venezuela? Wegen des Klimas?
   a) ☐ ¿Para qué estudias en Venezuela? ¿Para el clima?
   b) ☐ ¿Por qué estudias en Venezuela? ¿Por el clima?

Lectura y redacción

10a Lea el artículo.

Una empresa alemana ofrece trabajo para 400 ingenieros de España, Italia y Grecia

La firma Rücker AG lanza un nuevo proyecto por falta de ingenieros en Alemania

Alemania sigue buscando ingenieros. Muchos profesionales ya han emigrado al país. La firma Rücker AG, que elabora la planificación digital de servicios técnicos y de desarrollo, ofrece trabajo a 400 ingenieros españoles, italianos y griegos. La empresa, con base en Wiesbaden, está cerca de Fráncfort. La iniciativa forma parte del programa Ingenieros para Alemania dirigido a tres de los países más afectados por la crisis. El proyecto ofrece a los ingenieros empleo inmediato, salarios atractivos y perspectivas de futuro. Rücker lucha así contra la falta de ingenieros en Alemania. Al aceptar el contrato de trabajo con la empresa alemana, los trabajadores tendrán derecho a un curso intensivo de dos meses en alemán con una asignación para gastos de 1.000 euros. Después de seis meses con un sueldo de 3.000 euros al mes, la compañía ofrecerá un contrato indefinido al nuevo ingeniero. Entonces, podrá llegar a cobrar 3.500 euros. La empresa pide conocimientos en el programa informático Catia V-4 y Catia V-5, así como en diseño de vehículos o mecánica y en aviación, ingeniería eléctrica y construcción.

10b Responda.

1. ¿Qué busca la firma alemana Rücker AG?
2. ¿Dónde tiene su base la firma Rücker AG?
3. ¿Cuánto puede llegar a cobrar un ingeniero español?
4. ¿Qué pide la empresa?
5. ¿A qué tendrán derecho los trabajadores?
6. ¿Hasta cuánto pueden llegar a cobrar un empleado?

Unidad 18: ¡Qué noticia!

Vocabulario

1 **Chat ¿Estás bien informado? ¿Qué medios de comunicación prefieres? Diga de qué medio de comunicación hablan y complete.**

Angelk2: Yo creo que estoy muy bien informado. Paso bastante tiempo en Internet. Leo las noticias en ______________ digitales y uso ______________: me encanta comentar las noticias en Twitter. Es divertido y eficaz. Además no gastas papel, ¡es bueno para el medio ambiente!

Susana99: Yo trabajo en una tienda de ropa y siempre pongo ______________. Escucho emisoras de música actual. El trabajo es más agradable y así hay un buen ambiente en la tienda.

Nico_perez: En mi casa somos bastante tradicionales y preferimos ______________. Siempre vemos el telediario al mediodía mientras comemos y luego alguna serie de la sobremesa.

M@ti: Los domingos después de desayunar voy al quiosco de al lado de casa a comprar la prensa: me encanta comprar ______________ local. Además siempre compro alguna ______________ de cotilleos. ¡Me relaja bastante después de leer las noticias de lo que pasa en el mundo!

2 **Escuche y después escriba en la tabla de qué noticia se trata.**

www 23

	Noticia 1	Noticia 2	Noticia 3
1. Es una noticia de la radio.			
2. Hay una exposición de Picasso y Dalí.			
3. Están leyendo la prensa.			
4. Está en la sección de anuncios.			
5. Es una noticia de cultura.			
6. Es una noticia de política.			
7. Hay un trabajo de cocinero.			
8. Hay un conflicto entre India y Pakistán.			

3 **Lea lo que dice Clara. ¿Qué programa están poniendo en la tele en cada cadena?**

Voy a ver qué ponen en la tele … Aquí hay un … No, ya he leído las noticias en el periódico. CLIC

Y aquí ponen «La ruleta de la fortuna», un … Tampoco. CLIC!

Está empezando una … de Antonio Banderas. ¡Ya la visto 3 veces! CLIC.

Aquí, … para niños. Tampoco. CLIC

Aquí un … de animales. No, este tampoco. CLIC.

Y aquí pausa para la publicidad. ¡Media hora de …, seguro! CLIC Pues me voy a comer algo …

4 **Hábitos alimenticios. ¿Qué hábitos son saludables y cuáles no lo son? Seleccione y haga una lista. Añada al menos dos hábitos más en cada columna.**

consumir productos ecológicos · comer mucha carne · beber mucha agua · comer fruta y verdura · tomar mucho vino · comer mucho marisco · cocinar con poca sal · comer pescado · tomar mucho chocolate · desayunar muesli · tomar mucho café · tomar té verde · hacer deporte · dormir menos de cinco horas

hábitos saludables	hábitos no saludables

Gramática

5 **Haga preguntas como en el ejemplo.**

+ El fin de semana pasado fui a Santiago.
– ¿Ya habías ido antes? / ¿No habías ido nunca?

1. + Ayer probamos el vino ribeiro.
   – ¿No lo ______ nunca?
2. + El mes pasado empecé a dar clase en una academia.
   – ¿Ya ______ clase antes?
3. + La semana pasada Juanjo estuvo en La Habana.
   – ¿Ya ______ antes?
4. + El sábado preparaste una paella, ¿no?
   – ¿Ya la ______ antes?
5. + La semana pasada estuve en un concurso de la tele.
   – ¿Ya ______ antes en la tele?
6. + Ayer Julia y Paco vieron la nieve por primera vez en su vida.
   – ¿No la ______ nunca?

6 **Demasiado tarde. Escriba frases como en el ejemplo.**

Ejemplo: *Cuando / llegar la policía / el ladrón / escapar / ya*
Cuando llegó la policía, el ladrón había escapado ya.

1. Cuando / (nosotros) / llegar a la fiesta / (ellas) / irse/ ya
2. Cuando / (yo) llegar a la estación / el autobús / salir / ya
3. Cuando / nosotras / ir al teatro / las entradas / terminarse / ya
4. Cuando / Alberto/ir a la cita / Toño / irse / ya
5. Cuando / (ellos) ir a comprar el piso / (ellos) venderlo / ya
6. Cuando / (nosotros) / terminar la reunión / tú / irse a casa / ya
7. Cuando / (yo) dejar el trabajo / (yo) encontrar otro / ya

7 Complete con los pronombres que faltan.

se la te los se lo os la te las se lo te las

1. + Juan, ¿me traes las revistas, por favor? – Sí, ahora ________ traigo.
2. + A María le van a dar un premio. – ¿Cuándo ________ van a dar?
3. + ¿Nos recomiendas la película *La novia*? – Sí, ________ recomiendo, es muy buena.
4. + Mira, Elisa, estos tés son muy buenos ________ recomiendo.
   – Y las frutas también ________ recomiendo.
5. + Ya no necesito la tele. Veo todo en el ordenador. – ¿Por qué no ________ regalas a Tere? Ella no tiene tele.
6. + ¿Cuándo le vamos a dar el regalo a Roberto? – ________ damos a las doce de la noche.

8 Sustituya los complementos directos por el pronombre correspondiente.

1. + Este pastel está muy rico. ¿Me das **la receta**? – Sí, claro, ahora mismo ________ doy
2. + Oiga, por favor, ¿nos pone **dos cafés**?
   – Sí, enseguida ________ traigo. ¿________ pongo solos o con leche?
3. + ¿Queda **ensalada**? – Sí, ¿________ puedes pasar tú, Luis?
4. + ¿Nos mandas **las fotos** del cumpleaños? – Sí, ahora ________ mando por whatsApp
5. + ¿Le habéis pedido ya **la cuenta** al camarero? – Sí, ya, ________ hemos pedido. Ahí viene.
6. + ¿Tomamos ya **el postre**? – Sí, ahora ________ pongo.

Comunicación

9 **Lea de nuevo las aportaciones en el chat del ejercicio 1 y escriba un pequeño texto para el chat. Unan todas las aportaciones de los compañeros y formen un chat completo.**

10 **Ahora busquen en los medios de comunicación una noticia de actualidad. Tomen notas, hagan un resumen y presenten la noticia en clase. ¿De qué medio es? ¿De qué sección?**

¿Te has enterado?

Titular: ________

____

Noticia: ________

____

____

11 **¿Qué dice? Escriba una respuesta o reacción:**

1. ¿Os habéis enterado ya de la noticia?
2. ¿Ves algún programa de cocina en la tele?
3. Oye, ¿tú compras en tiendas ecológicas?
4. ¿No te gustan las gambas? Están muy ricas …
5. Perdone, ¿la salsa alioli lleva ajo?
6. ¿De qué es la guarnición?
7. Oiga, ¿el pescado es a la parrilla?
8. ¿Me pasas la sal, por favor?
9. ¿Cómo te gusta la carne, muy hecha o poco hecha?
10. ¡Buen provecho!
11. ¿Cómo son tus hábitos alimenticios?
12. ¿Cocinas mucho?

Lectura y redacción

12 a **Mire las fotos. ¿De qué cree que va a tratar el texto? ¿Ha probado el jamón serrano o el jamón ibérico?**

Un alimento con tradición, aroma y sabor

El jamón es un alimento de mucha tradición y muy presente en la cocina española. Existen diferentes tipos y variedades de jamón. Según el tipo de cerdo, el jamón curado se conoce como «jamón serrano» cuando procede del cerdo blanco, y se llama «jamón ibérico» cuando se obtiene del «cerdo ibérico», una variedad de cerdo especial de la Península Ibérica.

Según la alimentación del cerdo ibérico, se distinguen también varios tipos. El más exquisito es el jamón ibérico de bellota. Se elabora de cerdo ibérico que vive en libertad los tres últimos meses de vida y se alimenta principalmente de bellota. Por eso este jamón tiene un sabor característico. El jamón ibérico puro de bellota es uno de los más caros del mundo.

Localización

El jamón serrano procede, por ejemplo, de Teruel. Y el jamón ibérico procede de Guijuelo (Salamanca), Extremadura y Huelva (Andalucía).

¿Cómo se sirve?

El jamón es ideal para servir como aperitivo o entrante antes de la comida y acompañar a las bebidas. También se sirve como guarnición o para dar un toque especial a mariscos, sopas, ensaladas, tortillas o pasta.

12 b **Lea de nuevo el texto y haga un resumen. Explíquele a un compañero o compañera (en alemán) la diferencia entre el jamón serrano y el jamón ibérico. Explique también cómo se suele consumir.**

Unidad 19: La meta es el camino

Vocabulario

1 **Relacione fotos y definiciones. Escriba debajo de cada foto el nombre del objeto.**

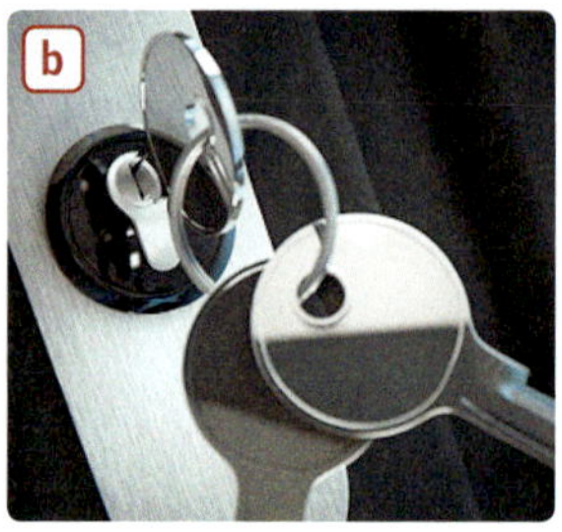

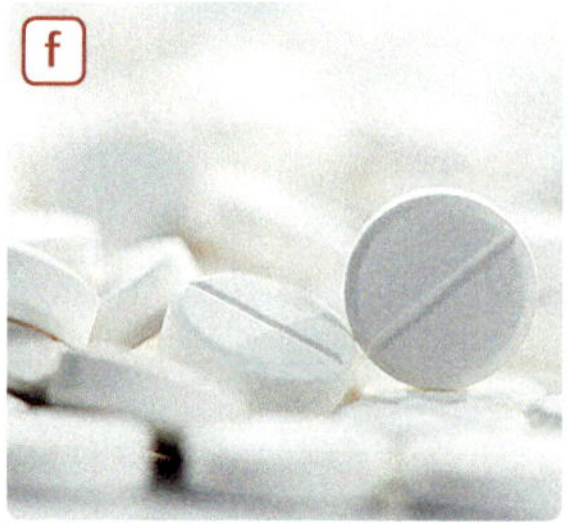

1. Sirve para pagar si no tenemos dinero en efectivo.
2. Se toman cuando una persona tiene dolor de cabeza.
3. Allí encontramos información sobre un lugar.
4. Sirve para oír música.
5. Es un documento que se usa para pasar la frontera.
6. Es un pequeño cuaderno donde se anotan las actividades que tiene que hacer una persona.
7. Sirve para abrir y cerrar puertas.
8. Ahí se ponen el dinero, las tarjetas de crédito y algunos documentos.

2 **Elija un objeto y descríbalo por escrito.**

secador de pelo | DNI | paraguas | móvil | bolso | bolígrafo | periódico

3 **¿Qué hace usted antes de viajar? Busque un complemento para cada verbo y haga frases.**

llamar *a la suegra*
preparar
renovar
dejar
informarse sobre
llevar
comprar
hacer
sacar
ir a

4 **Elija la palabra correcta y tache la que no corresponda.**

1. A veces no entiendo a mi marido. Tiene un carácter **difícil** / **difícilmente**.
2. Estoy contenta con mi secretaria. Es muy **eficiente** / **eficientemente**.
3. Sofía es una persona muy **independiente** / **independientemente**.
4. ¿Has visto a Jorge desde que se casó? ¡Está **total** / **totalmente** enamorado!
5. Me ha recomendado este libro. Es **real** / **realmente** interesante.

5 **Alquiler de un coche. Complete el diálogo con el siguiente vocabulario.**

seguros
pasaporte
permiso de conducir
promoción
alquilar

\+ Queríamos ____________________ un coche por tres días.

– Estos días hay una ____________________ de un Gol. Miren, 30 € por tres días.

\+ Genial. ¿El precio incluye los ____________________?

– Sí, claro. ¿Conduce usted? ¿Tiene el ____________________?

\+ Aquí lo tiene. ¿Necesita mi ____________________ también?

Gramática

6 **¿Qué dicen las personas? Use el imperativo.**

Leer más alto
Ir todo recto
Comer bien
Correr más rápido

7 a **Complete el correo electrónico con el imperativo (tú) de estos verbos irregulares.**

¡Buen viaje, Marisol! Oye, el viaje es largo, ______________ (hacer) gimnasia en el avión. ______________ (salir) temprano del hotel y ______________ (irse) al casco antiguo. Pero ojo, ______________ (tener) cuidado con el sol. ______________ (ponerse) bronceador. Un beso.

7 b **Escriba ocho consejos para un grupo de turistas. Use el imperativo de vosotros.**

8 **¿De qué hablan? Relacione.**

1. cómpralos
2. descúbrela
3. escríbelas
4. tómalas
5. véndelo
6. olvídala

a) los billetes del metro
b) las postales
c) las pastillas
d) el portátil viejo
e) a tu exnovia
f) la ciudad

9 **Complete las instrucciones del navegador. Después escuche y compruebe.**

www 24

1. Si puede, (dar la vuelta) *dé la vuelta.*
2. ______________ (salir) hacia la derecha, por la ruta 66.
3. ______________ (cruzar) la carretera Mella y ______________ (ir) por la autopista Nordeste.
4. ______________ (tomar) la segunda calle, es la autopista José María Cabral.
5. ______________ (seguir) todo recto hasta el semáforo. Su objetivo está allí, a la derecha.

10 Tache la forma incorrecta.

1. Si quieres conocer bien la ciudad, **sale** / **sal** con amigos.
2. Si vas a llegar tarde, **coges** / **coge** mejor un taxi.
3. Si quieres un vuelo barato, **compra** / **compres** ya el billete.
4. Si tienes preguntas, **llámame** / **llámema**.
5. Si quieren pagar, **pasen** / **pasan** por caja.
6. Si quieres salir, **deje** / **deja** las llaves en información.

Comunicación

11 Su amigo Luis tiene una importante entrevista. ¿Qué le aconseja usted?

escribir tomar leer salir

1. ____________ bien lo que dice la página web.
2. ____________ tus ideas y preguntas en un papel.
3. ____________ temprano para no llegar tarde.
4. ____________ el tren.

12 Lamentablemente a Luis no le han dado el empleo y está un poquito deprimido. Escríbale un correo dándole ánimo.

Querido Luis: tranquilo, seguro que vas a encontrar algo mejor. Ahora (relajarse) ____________ y (dormir) ____________ por lo menos siete horas. (Levantarse) ____________ temprano y (hacer) ____________ deporte o (dar) ____________ un paseo por el parque (comer) ____________ chocolate. Después del trabajo, (llamar) ____________ a tus amigos y (quedar) ____________ con ellos en un bar o (hacer / vosotros) ____________ algo juntos.

Y lo más importante: (venir) ____________ pronto a visitarme. Un abrazo de tu siempre amigo Enrique.

13 Asesoramiento gratis. Relacione las columnas y haga recomendaciones.

Si quieres divertirte, sal con tus amigos.

1. Si quieres divertirte …	a) … venir a mi casa
2. Si no quiere llegar tarde …	b) … hacer ejercicio
3. Si necesitas alojamiento …	c) … salir con tus amigos
4. Si quieren adelgazar …	d) … coger un taxi

14 Imagínese que ha ganado un concurso y está en Santo Domingo con su pareja. Escriba a sus compañeros de curso y cuénteles cómo es todo.

Hola a todos:
Estamos contentísimos. Esto es fantástico, la ciudad …

Lectura y redacción

15 a Lea el texto.

Una aventura diferente

¿Ha pensado alguna vez hacer algo loco, atrevido, diferente? ¿En moto? ¿Por paisajes hermosos? ¿Con gente diferente? ¿Qué le parece el Rally de Dakar?
Hasta 2008 se realizaba en Africa, pero por amenazas terroristas se cambió a Latinoamérica. Por primera vez en la historia del rally en enero de 2013, los puntos de partida y llegada fueron las ciudades de Lima y Santiago de Chile, respectivamente. El recorrido total para las motos era de 8.423 km; para los coches, de 8.574 km. Algunos tuvieron que luchar también contra la mayor altitud de su historia: alrededor de 4.900 metros sobre el nivel del mar.

Si quiere inscribirse tiene que tener en cuenta el tipo de vehículo que va a utilizar en la competición. La inscripción de las motos cuesta entre 3.700 € a 13.000 € y una fianza de 3.000 € que se devuelve al finalizar la carrera. Si quiere inscribir un coche cuesta entre 2.100 € y 8.500 €. Al final de la carrera se devuelve la fianza de 2.000 €.
Es decir, la inscripción de un coche con piloto y copiloto (obligatorio) y otro coche de asistencia, también con piloto y copiloto, costaría alrededor de 50.000 €.
¿Y qué se necesita?

- Dos fotografías por persona
- Fotocopia del carnet de conducir
- Fotocopia del pasaporte con 6 meses de validez
- Justificante[1] del pago de la inscripción
- Justificante de vacunación contra la fiebre amarilla

Pues, adelante y ¡buena suerte!

1 **justificante:** Bescheinigung

15 b Conteste.

1. ¿Dónde se celebra el Rally de Dakar?

____

2. ¿Cuánto cuesta inscribir un coche? ¿Y la fianza?

____

3. ¿Cuál es la altitud máxima por la que tienen que pasar?

____

4. ¿Qué se necesita para participar?

____

15 c Opine.

¿Qué suponen estas carreras para el medio ambiente?

____

____

____

____

Unidad 20: Salud y emociones

Vocabulario

1 a **Partes del cuerpo. Mire el dibujo que está haciendo el pintor y complételo dibujando las siguientes partes del cuerpo: el ojo, la boca, el dedo, el corazón, el pie.**

1 b **Complete el dibujo 1a con las siguientes palabras: cabeza, garganta, mano, estómago, pelo, oído, cintura, espalda. ¿Conoce alguna más?**

2 **¿Cómo se expresan estas emociones? Busque para cada emoción las palabras adecuadas y complete la tabla en su cuaderno.**

¡Qué asco! Me da miedo. Me da mucho asco. ¡Qué maravilla! ¡Qué horror! ¡Qué rabia! Me hace reír mucho. Te quiero. ¡Qué idiota! Estoy enamorado/-a. ¡Lo odio! ¡Qué triste! No lo aguanto. ¡Qué pena! Lo siento. ¡Qué bien! Me duele. ¡Qué guay! Cariño. ¡Qué curioso! Me hace llorar. Me alegro mucho.

amor	odio	tristeza	asco	ternura
admiración	ira	miedo	alegría	

3 a **Busque los sustantivos de estos verbos:**

1. emocionar ______
2. doler ______
3. enfermar ______
4. resfriarse ______
5. cuidar ______
6. llorar ______
7. pensar ______

3 b **Escriba siete frases con las palabras del ejercicio anterior.**

Gramática

4 **Haga en su cuaderno una tabla y escriba las formas de imperativo bajo la persona correspondiente.**

llamen cuidad haz bebe coma vete concéntrese duerme evite pasad toma sal tomen disfruta sé pensad hagan vive llama haced concéntrate beban descansa vaya disfruten tomad haga id duerma vayan pase salga viva cuide descanse tened comed piensen sean

tú	usted	vosotros/-as	ustedes

5 **Transforme las frases como en el ejemplo.**

¿Me puedes llevar al hospital? Llévame al hospital, por favor.

1. ¿Puedes llamar a urgencias?
2. ¿Me puede dejar su tarjeta del seguro?
3. ¿Me puedes dar una tirita?
4. ¿Se puede quitar la ropa?
5. ¿Me puede dar las pastillas?
6. ¿Me pueden curar la herida?
7. ¿Me puedes poner crema en la espalda?
8. ¿Me puede recetar el jarabe?
9. ¿Pueden esperar en la sala de espera?
10. ¿Me puede dar algo para el dolor?

6 **¿Qué hago? ¿Qué dice su «innerer Schweinehund»? Escriba las dos alternativas en la columna correspondiente como en el ejemplo. Utilice el imperativo positivo o negativo.**

¡Sal a correr!	salir a correr	*¡No salgas a correr!*
	levantarse temprano	
	ir al gimnasio	
	hacer los ejercicios de español	
	sacar al perro	
	prepararse la comida	
	pedir unas pizzas a Pizzarápida.	
	dormir la siesta	
	coger el coche para ir al trabajo	
	aprender a bailar salsa	
	jugar al pádel	
	dejar de fumar	
	comer pasteles	

7 **Complete los diálogos con los determinantes y pronombres posesivos.**

1. + ¿Cuál es tu pintor favorito? – ______________ pintor favorito es Picasso. + Pues ______________ es Sorolla.
2. + Nos gusta mucho la literatura. ______________ casa está llena de libros.
   – Pues en ______________ no hay muchos. Es que leemos muy poco.
3. Me encanta Frida Kahlo. ______________ vida y ______________ cuadros me parecen fascinantes.
4. + ______________ pasión es la música. ¡Me encanta! – Pues ______________ es la pintura.
5. + A Carmen le fascina Alejandro Fernández. Tiene todos ______________ CD y escucha canciones ______________ todo el día. – ¿Por qué no le regalas entradas para ______________ concierto del sábado?
6. + A ______________ hermana le encanta el teatro. ¿Y a ______________?
   – A ______________ no le gusta nada. Prefiere el cine.

8 **Lea la biografía de la pintora Maruja Mallo y complétela con las siguientes perífrasis verbales: tuvo que, dejó de, solía, empezó a, volvió a.**

Maruja Mallo y la soledad

Maruja Mallo nació en Vivero (Galicia) en 1902. En 1922 se trasladó con su familia a Madrid donde ______________ estudiar Bellas Artes. Allí conoció a Dalí, Alberti, Lorca y Buñuel. Expuso por pimera vez con un enorme éxito en 1928. Después obtuvo una beca para estudiar en París, donde conoció a Miró, Picasso y Neruda.

Su trayectoria artística pasó por varias etapas. En sus primeros cuadros pintó sobre deporte, verbenas o toros. Después continuó la etapa negra de París. En este periodo ______________ pintar cuadros llenos de color para pintar figuras grises como esqueletos o espantapájaros.

En 1936, debido a la Guerra Civil, ______________ abandonar España y se exilió a Buenos Aires. En ese tiempo viajó por muchos países de América Latina y realizó numerosas exposiciones en Argentina, Chile y Uruguay. Es la etapa americana con sus «naturalezas vivas» y «el Canto a las Razas», una serie de obras que representan la igualdad entre todos los seres humanos.

Maruja ______________ vivir y pintar en España después de 25 años en el exilio. Murió en Madrid en 1995 a los 93 años de edad. Maruja Mallo era una mujer solitaria. ______________ decir: «Mi mayor capital es la soledad porque me da todo. En la soledad yo estoy en comunicación con el todo. Y yo creo que el hombre se mide por la soledad que aguanta». Fue una mujer activa, adelantada a su tiempo y una de las figuras más importantes del arte español del siglo XX.

Comunicación

9 **Escriba tres cosas que le provocan estos sentimientos:**

1. Me hace/n reír … 2. Me emociona/n … 3. Me da/n miedo … 4. Me da/n asco … 5. Odio … / No aguanto …

10 **Escuche el diálogo en la consulta y conteste a las preguntas:**

www 25

1. ¿Qué le pasa al Sr. Mancilla? Marque lo que corresponda:
   ☐ Tiene fiebre. ☐ Tiene dolor de cabeza. ☐ Se siente cansado. ☐ No tiene apetito. ☐ Tiene resaca.
2. ¿Cuál es el diagnóstico del médico?
   ☐ Tiene una indigestión. ☐ Está resfriado. ☐ Tiene alergia. ☐ Está deshidratado.
3. ¿Qué NO le aconseja?
   ☐ descansar en la playa ☐ beber mucha agua ☐ no beber alcohol

Lectura y redacción

11 a **Mire las fotos. ¿Con qué asocia la «dieta mediterránea»?**

La dieta mediterránea

La dieta mediterránea consiste en una forma de alimentación sana y un estilo de vida propios de países mediterráneos como España, Italia y Grecia. Este estilo de vida se caracteriza por la costumbre de reunirse y compartir alrededor de la mesa platos y recetas tradicionales de cada región, preparados con productos locales y de temporada. La dieta incluye, por ejemplo, mucha fruta y verdura y el uso del aceite de oliva. El ejercicio físico complementa la cocina mediterránea. En el año 2010 la UNESCO reconoció la dieta mediterránea como Patrimonio Cultural Inmaterial de la Humanidad.

¿Pero por qué es tan importante?

Según estudios científicos, es muy beneficiosa para la salud. Ayuda a prevenir enfermedades del corazón, algunos tipos de cáncer y mejora también la salud mental. Y otro efecto importante: la gente que lleva este estilo de vida envejece menos y tiene una vida más larga y saludable.

¿Quiere probar la dieta mediterránea? Entonces siga estos consejos:

1. Use el aceite de oliva, es bueno para su corazón y les da a sus platos un sabor especial.
2. Coma mucha fruta y verdura. Tienen mucha fibra y vitaminas y previenen contra el cáncer.
3. Tome pan, pasta, arroz y cereales (y si son integrales, mejor). Le dan energía para todo el día.
4. Compre alimentos frescos y de temporada, son más nutritivos y más ricos.
5. Tome a diario productos lácteos como leche, queso o yogur. Son muy buenos para la digestión.
6. Reduzca el consumo de carne roja. No es buena para la salud.
7. Consuma mucho pescado y tres o cuatro huevos por semana.
8. De postre elija fruta fresca y tómela también a media mañana o de merienda, y tome dulces o pasteles solo ocasionalmente.
9. Beba agua. Es fundamental. También es bueno tomar vino, pero tómelo en cantidades moderadas.
10. Haga ejercicio físico todos los días. ¡Es tan importante como comer bien!

11 b **Lea de nuevo el texto y resuma (en alemán) el contenido para explicarle a un/a compañero/-a qué es la dieta mediterránea, características y consejos.**

Unidad 21: ¡Muchas felicidades!

Vocabulario

1 **Complete el crucigrama con los rituales de fin de año.**

1. Poner ~ en los zapatos
2. Besar a una persona del otro ~
3. Mirar los fuegos ~
4. Comer las uvas a ~
5. Alejar los malos ~
6. Comer las ~ de la suerte
7. Beber ~ pero también cerveza, y zumos
8. Encender ~
9. Llevar ropa interior ~
10. Arrojar ~ a la calle

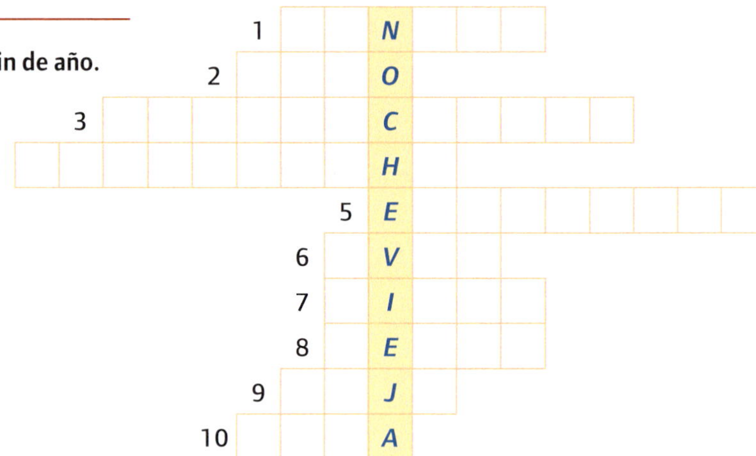

2 **¿Qué expresiones utilizan las personas? Complete.**

Gramática

3 **Complete la tabla con las formas del subjuntivo.**

estudiar	llamar	comprender	beber
	llame		
estudies			
		comprendamos	
			beban

escribir	vivir	conocer	tener
		conozca	
	vivas		
escriba			
			tengamos

4 **Complete las oraciones con los verbos de la tabla del ejercicio 3.**

1. Ojalá Pedro ______ la situación.
2. Espero que tú me ______ por teléfono.
3. ¡Ojalá Marta y Jorge ______ suerte!
4. Espero que (nosotros) ______ juntos un cava, ¿no?
5. Quiero que (vosotros) me ______ un SMS.
6. ¡ ______ los novios!
7. Stefan quiere que yo ______ alemán.
8. Espero que en nuestro viaje de boda ______ Alemania.

5 **Complete los deseos con las formas correctas de los verbos que faltan.**

beber	llegar	pagar	hacer
escribir	venir	trabajar	salir

1. Mis colegas están de viaje. Espero que me ______ una postal.
2. Todavía no habéis venido a ver mi piso. Espero que ______ a verlo.
3. El jefe nunca hace nada. Siempre quiere que nosotros ______ todo.
4. Todavía no nos han pagado. Ojalá nos ______ pronto.
5. Trabajo muchísimo. Mis padres no quieren que ______ tanto.
6. El abuelo bebe demasiado. El médico quiere que ______ menos.
7. Él no sale nunca de casa. Espero que en primavera ______ más.
8. Juan, tú siempre llegas tarde. Quiero que mañana ______ a tiempo.

6 **Conteste las preguntas en su cuaderno según el ejemplo.**

Ejemplo: *+ ¿Para qué me das dinero? – Ir (tú) al cine. – Para que vayas al cine con tus amigos.*

1. ¿Para qué les explicas tanto? – No haber problemas.
2. ¿Para qué me lo dices? – Saber (tú) lo que pasa.
3. ¿Para qué nos lo dices? – Estar (vosotros) tranquilos.
4. ¿Para qué le regalas unas gafas? – Ver (ella) mejor.
5. ¿Para qué me dices cuándo llegan? – Ir (tú) a recogerlos al aeropuerto.
6. ¿Para qué cocinas tanto ahora? – Estar (todo) listo esta tarde para la fiesta.
7. ¿Para qué pones azúcar a los espárragos? – Estar (los espárragos) más ricos.
8. ¿Para qué llamas a Ana? – Ver (ella) las noticias.

7 **Ponga el verbo en presente de subjuntivo.**

ser: tú ______ vosotros ______

ir: tú ______ nosotros ______

ver: yo ______ ellos ______

saber: él ______ ellas ______

estar: ella ______ vosotros ______

haber: ______

8 Complete con el tiempo correcto.

1. Mis padres quieren que ____________ (estudiar) arquitectura.
2. He comprado suficiente para que ____________ (poder / nosotros) comer juntos.
3. Mario quiere que sus padres le ____________ (comprar) un coche.
4. Ojalá ____________ (dormir / él) hoy bien.
5. Esperamos que todo ____________ (salir) bien.
6. – ¿Para qué me das el libro? + Para que lo ____________ (leer / tú).
7. Todos esperamos que nos ____________ (tocar) el gordo alguna vez.
8. Ojalá ____________ (venir) mi hermano a visitarme.
9. Espero que a Luis le ____________ (gustar) el regalo que le hemos comprado.
10. He llamado a Quique para que ____________ (traer) las fotos de Chile.

9 Elija la forma correcta.

1. Te llamo para que no **lleges** / **llegues** tarde.
2. Juan, aquí está la carta para que **traducas** / **traduzcas** las frases.
3. ¡Espero que tú **sepa** / **sepas** la dirección!
4. Ojalá que **tengáis** / **tengais** tiempo de descansar.
5. Ana quiere que **vayáis** / **vais** al cine con ella.
6. Espero que **termina** / **termine** pronto la carrera.
7. Tengo que ir al banco. Ojalá no **hay** / **haya** mucha gente.
8. Pasa por mi casa para que **tomamos** / **tomemos** un cafecito juntos.

Comunicación

10 Pronto va a ser Nochevieja. Escuche y complete la tabla. Después explique detalladamente.

www 26

	lo que van a hacer	lo que les gustaría	por qué no lo hacen
Carla			
Luis y Ana			
Señor Oliva			

11 ¿Cómo va a pasar usted las fiestas y cómo le gustaría hacerlo en realidad? Escriba un pequeño texto.

12 Escriba cinco deseos para sus amigos o familiares para el próximo año.

Espero que el próximo año … *Ojalá …* *Deseo que …*

Lectura y redacción

13 a **Lea el texto sobre la Navidad.**

La Navidad en España y en Alemania

La Navidad no solo es una fiesta cristiana. Ya los pueblos paganos[1] celebraban esta fecha. Es el solsticio de invierno[2]. Es una fiesta con mucha historia y tradición y todos los países la celebran un poco diferente. Por eso, aquí vamos a hablar sólo de las costumbres en España y en Alemania.

El Adviento, la fase de preparación a la llegada de Jesús, se celebra en Alemania con ciertas tradiciones que no existen en España. En España no hay coronas ni calendarios de adviento.

El día 6 de diciembre es festivo, es el Día de la Constitución, pero no se celebra el día de San Nicolás. Los niños no reciben regalos este día.

Las familias decoran las casas con un «Belén»[3], aunque el árbol de Navidad es cada vez más popular.

El día 22 los españoles esperan con impaciencia que los niños de San Ildefonso canten los números de la lotería de Navidad para ver si les ha tocado el «gordo».

En Nochebuena (24) toda la familia cena junta. Se come generalmente pavo o pescado. Después de la cena se come turrón y polvorones y se bebe cava. Se cantan villancicos, canciones populares de Navidad muy conocidas y alegres. Tradicionalmente no hay regalos este día como en Alemania. Después de la cena mucha gente va a la iglesia a la Misa de gallo[4], tradicionalmente a las 12 de la noche.

El día 25, el día de Navidad, es festivo, pero no el 26, el día de San Esteban.

El día 28 es el día de los Santos Inocentes[5]. En este día se hacen «inocentadas», que son bromas[6]. Es como en Alemania el 1 de abril.

El día 31 es el día de Nochevieja. Mucha gente cena en casa con la familia y después sale con los amigos a la calle para celebrar Año Nuevo.

A las doce en punto los españoles toman con las campanadas las doce uvas, una uva para cada mes. Se llaman «uvas de la suerte», pues si las comes todas al ritmo de las campanadas, vas a tener mucha suerte.

El día 1 es Año Nuevo. En algunas regiones los niños salen a pedir por las calles.

Pero la gran fiesta de los niños es el día 6 de enero, el día de los Reyes Magos.

El día 5 de enero por la noche, los niños colocan delante de la puerta sus zapatos esperando encontrarlos llenos de regalos al día siguiente. Y por las calles se pueden ver las cabalgatas donde Melchor, Gaspar y Baltasar se pasean en carrozas y les tiran caramelos a los niños.

El día 6 de enero se come un bizcocho especial, en el que hay una figurita dentro, que se llama Roscón de Reyes.[7] El que encuentre la figurita tiene suerte durante todo el año.

1 **pagano**: heidnisch
2 **el solsticio de invierno**: Wintersonnenwende
3 **el belén**: Krippe
4 **la Misa del Gallo**: Mitternachtsmesse
5 **los Santos Inocentes**: Die unschuldigen Kinder
6 **la broma**: Späße
7 **el roscón de Reyes**: Königskuchen

13 b **Responda.**

1. ¿Qué celebraban los pueblos paganos?
2. ¿Cómo celebran los españoles la Nochebuena?
3. ¿Qué se hace el día de los Santos Inocentes?
4. ¿Por qué es el día de los Reyes Magos muy importante para los niños?
5. ¿Cuándo se come el Roscón de Reyes?

Unidad 22: Ferias e ilusiones

Vocabulario

1 **Complete los diálogos con las palabras que faltan.**

lana | originales | artesanía | hecho a mano | rebajas | mercadillo

1. ¿Vamos de compras? Hay unas ______ increíbles. ¡Todo al 50 % menos del precio!
2. En esta plaza hay un ______ los sábados. Me encanta venir a mirar, y a veces hasta compro algo.
3. Hoy he estado en el mercado de Otavalo. Hay de todo: animales, frutas y verduras, pinturas y mucha ______. ¡Es muy grande!
4. + Mira, aquí tienen gorros … ¿No necesitabas uno? – Ah, sí, y estos son de ______, ¡qué bien!
5. + ¿Este jersey es nuevo? – No, es de segunda mano, pero está ______ y está muy bien de precio.
6. + Me encantan estas camisas con estos colores. – Sí, son muy ______ ¿Por qué no te pruebas esta de aquí?

2 **¿Cuál es el intruso? Explique por qué.**

1. coche – conductor/a – gasolina – frenar – atasco – automóvil
2. cuenta bancaria – tarjeta de crédito – trueque – banco – moneda – cambio
3. carrito de la compra – calefacción – horno – lavadora – aspiradora – nevera
4. horóscopo – pronóstico – profecía – vidente – presagio – superstición
5. contaminación – planeta – humanos – cambio climático – calentamiento de la tierra – medio ambiente

Gramática

3 **Complete los diálogos con las formas de los verbos ir o venir y llevar o traer.**

1. + Hola, Inés. Oye, la próxima semana ______ a Madrid.
   – Ah, qué bien. ¿Cuándo ______ a vernos? Te quedarás en mi casa, ¿no?
   + Pues, es que no ______ solo …
   – Ah. ¿Y por qué no ______ a tu amigo o amiga? No es ningún problema.

2. + Hoy es nuestro último día en La Habana. ¿Qué les ______ a mis padres de regalo?
   – Ni idea. ¡(Nosotros) ______ a ese puesto! Mira esas lámparas …
   + ¡Qué bonitas! ¿Me dejas 20 pesos? Es que no ______ suficiente dinero.
   – ¿Pero no piensas regatear?

3. + ¿Qué me vas a ______ de Perú?
   – Te voy a ______ una cosa preciosa, es de lana de alpaca.

4 **Fíjese en los anuncios. ¿Se ofrece o se busca algo? Complételos con las formas del indicativo o subjuntivo.**

1 Vendo bicicleta estática. ________ (ser) ideal para hacer ejercicio en casa. ________ (estar) casi nueva. ________ (tener) cuentacalorías, ¡y solo ________ (costar) 100 euros!

2 Ofrezco camisetas. ________ (tener) un autógrafo de Messi. Busco a alguien que me ________ (cortar) el pelo o me ________ (dar) un masaje a cambio.

3 Busco compañero/-a de viaje al que le ________ (gustar) viajar y ________ (querer) ir conmigo a Sudamérica. Busco una persona que ________ (ser) activa y aventurera. No es necesario que ________ (hablar) español.

4 ¿Quieres que te ________ (leer) tu futuro? Te echo las cartas del Tarot en mi casa y contesto todas las preguntas que ________ (tener) sobre tu futuro: salud, dinero, amor. ¡Todo!

5 Buscamos personas que ________ (hacer) de extras en una película. Buscamos gente que ________ (ser) joven (entre 20–30 años) y flexible y ________ (poder) trabajar los fines de semana.

5 **Viaje al futuro. Lea estos titulares y escriba los verbos que faltan.**

servirán | seremos | cambiarán | faltará | nos moveremos | habrá | podrán | harán | viviremos

1 *Pronto ________ inteligencia artificial.*

2 **Para el año 2036 ________ unos 8.000 millones de habitantes en la Tierra.**

3 **En el futuro ________ 120 años o más.**

4 ***El Parkinson y el Alzheimer se ________ curar.***

5 ________ ***agua en todo el planeta.***

6 *En las ciudades ________ en drones autónomos.*

7 *Los robots ________ nuestra vida. Los humanoides ________ las tareas de la casa y ________ copas a sus dueños.*

Comunicación

6a Supersticiones ¿Qué pasará si hace estas cosas? Busque la consecuencia de cada acción.

1. Si un gato negro se cruza en tu camino,
2. Si tocas madera,
3. Si te casas un martes 13,
4. Si te levantas con el pie izquierdo,
5. Si les deseas «¡Mucha mierda!» a los actores,
6. Si comes las doce uvas el día de Nochevieja,

a) … no seréis felices mucho tiempo.
b) … tendrás un mal día.
c) … la obra será un éxito.
d) … evitarás que pase algo malo.
e) …tus deseos se cumplirán.
f) … te traerá mala suerte.

6b ¿Conoce otras supersticiones? ¿En qué consisten?

7 ¿Cómo viviremos en el futuro? Haga una predicción de futuro para cinco de estos temas:

alimentación ocio y diversión viajes al espacio energía animales familia
casas salud ciudades trabajo comunicación pobreza guerras

8a ¿Qué proyectos tiene la familia Gallegos para el próximo año? Relacione las columnas y escríbalos:

1. Toda la familia	irá de viaje	a Mérida con la escuela
2. El padre	se mudará	a la Ciudad de México
3. La madre	trabajará	en un periódico de la capital
4. Los gemelos	empezarán a estudiar	en la universidad
5. La hija menor	se comprará	un coche nuevo

1. ______
2. ______
3. ______
4. ______
5. ______

8b Y usted, ¿qué proyectos o buenos propósitos tiene para el próximo año?

9 Escriba las siguientes frases haciendo suposiciones con el futuro.

1. En Madrid **hay unos cinco millones** de habitantes.
2. El bar Cervantes **está más o menos** a doscientos metros de aquí.
3. Ricardo **gana aproximadamente** dos mil euros al mes.
4. María **llega a Madrid dentro de unas dos o tres** horas.

10 Mire los dibujos y complete lo que dicen o piensen las personas. Luego continúe con más ejemplos:

a) Y ahora el pronóstico del tiempo para mañana. ______________ (llover) en el norte y ______________ (hacer) sol en el sur. Las temperaturas …

b) Toda la gente ______________ (tener) trabajo y vivienda. La educación y la sanidad ______________ (ser) gratis y los impuestos …

c) ¿Por qué me ______________ (mirar)? ¿Le ______________ (gustar)? ¿Qué ______________ (pensar)? ¿Me ______________ (hablar)?

Lectura y mediación

11 a Lea el título y mire las fotos. ¿Qué cree que puede encontrar en este mercado?

FERIA DE LAS ILUSIONES

A orillas del lago Titicaca, en la ciudad de Puno (Perú), existe un lugar donde los sueños se hacen realidad: la Feria de alasitas. Tener mucho dinero, comprarse una casa o un coche, hacer un viaje al extranjero, tener un negocio propio, sacar un título universitario, casarse, etc. Para conseguir esos deseos y muchos más, la gente de Puno primero los compra en la feria … ¡en miniatura!

La Feria de las alasitas, que se celebra los primeros días de mayo, tiene su origen en la unión de las creencias andinas con el cristianismo. Esta feria sorprende mucho al visitante que llega aquí por primera vez porque los pequeños objetos parecen juguetes, aunque en realidad representan los deseos e ilusiones de la gente. Pero no basta solo con comprar las miniaturas de los deseos con mucha fe por unos pocos soles. Cada alasita (miniatura) debe ser sahumada y bendecida por la Santísima Cruz de Mayo. Y después se guarda durante un año esperando que el deseo se convierta en realidad. Además de las miniaturas, hoy día también encuentra en la feria amuletos como el gallo para las solteras o el Ekeko, dios de la abundancia.

Y cuando alguien quiere conocer su futuro consulta a un yatiri o curandero boliviano que ve el futuro de esa persona en las hojas de coca, en el plomo derretido o en la cerveza mezclada con huevo.

11 b Lea el texto y conteste a las preguntas:

1. ¿Por qué la Feria de las alasitas es un mercado tan especial?
2. ¿Qué hay que hacer para que los sueños e ilusiones se hagan realidad?
3. ¿Qué puede encontrar además de las alasitas?
4. ¿Qué compraría usted si visita la feria?

Lösungen

1 ¡Hola a todos!

1 ¡Hola! – a; ¡Buenas noches! – b; ¡Buenas tardes! – c; ¡Buenos días! – d

2 1. usted; 2. tú; 3. usted; 4. tú; 5. usted

3 1. b; 2. d; 3. a; 4. c; 5. g; 6. h; 7. e; 8. f

4 cinco; seis; dos; uno; ocho; nueve; cero; siete

5 [ch]: Chile, Chihuahua; [ll]: Mallorca, Sevilla; [ñ]: La Coruña, España; [h]: La Habana, Honduras; [r]: Caracas, Perú; [rr]: Navarra, Costa Rica; [g/gu]: Guatemala, Bogotá; [g/j]: Argentina, Gijón

6a 1. + ¡Hola! Yo soy María. ¿Cómo te llamas? – Me llamo Carlos. + ¿Y de dónde eres? – Soy de Barcelona. ¿Y tú? Eres de Madrid, ¿verdad? + No, soy de Toledo.
2. + ¡Buenas tardes! Yo soy María Sánchez. Y usted, ¿cómo se llama? – Mucho gusto. Me llamo Pablo Gutiérrez. + ¿Y de dónde es usted?
– Soy de Bilbao. + Ah, yo también soy de Bilbao.

7 1. e; 2. f; 3. d; 4. c; 5. a; 6. h; 7. b; 8. g

8 Buenas tardes; soy; cómo; Me llamo; Mucho gusto; De dónde; de; sí; también

9 1. Yo no soy Isabel. 2. Me llamo Carmen Pérez y también soy de Costa Rica. 3. ¿De qué país es tu amiga? 4. ¿Cómo te llamas? 5. Ustedes no son de Alemania, ¿verdad?

10 1. Cómo; 2. Quién; 3. qué; 4. Cómo; 5. dónde; 6. Qué; 7. Quién; 8. Quién

11 información, América, teléfono, Perú, Pérez, Bogotá, está, llamáis, Panamá

12 [k] queso, casa; [g] gambas, Miguel; [x] jardín; [r] número, cerveza, Zaragoza, jardín; [rr] rosa, perro; [ts] ocho; [z] cerveza, Zaragoza; [ñ] España

13 a. informell; b. informell; c. formell; d. formell

14 Yo me llamo Willi Lerner, ¿y tú?; ¿De dónde eres tú?; Yo soy de Alemania, ¿y tú?; Sind sie Herr González?; Sind Sie auch aus Cuba?; Wer ist Fernando Guerra?

15b Reflexivpronomen stehen vor dem konjugierten Verb. Reflexivpronomen und Verben werden nie getrennt. Die Negation steht immer vor dem Verb. Bei reflexiven Verben steht die Negation vor dem Reflexivpronomen.

15c 1. (Wir) nicht sind aus Deutschland. 2. Die Frau Inma nicht ist berühmt. 3. Nein, nicht bin aus Venezuela. 4. Nicht sind aus einer Stadt berühmten.

2 De tapas

1 1. Muy bien; ¿qué tal?; 2. Buenos días; mal, muy mal; 3. ¿Cómo estás?; regular ; 4. Bien, bien; como siempre.

2 1. agua; 2. aceitunas; 3. zumo; 4. ración

3 **Begrüßung/Vorstellen:** ¡Hombre! ¡Hola a todos! Mucho gusto. Buenos días. Este es Miguel. ¡Hola!
Verabschiedung: ¡Hasta la próxima! ¡Hasta luego! Bueno, ¡hasta mañana! ¡Adiós! ¡Chao!
Befinden: Así, así; ¿Qué tal? ¿Cómo estáis? Bastante bien. Regular

4 1. la próxima vez; 2. mira; 3. oye; 4. hoy; 5. oiga; 6. vale; 7. no sé; 8. ahora; 9. bien; 10. pero: 11. bastante; 12. gracias

5 aceitunas, vino tinto, zumo, café, chorizo, queso, pulpo, jamón

6 **Vorschlag:** champán, cheque, chicle, bicho, chuchería

7 la información; la cafetería; los bares; el señor; los pinchos; la ciudad; el jamón; el vino; las empanadillas; los euros; los calamares; el agua

8 unas aceitunas; los camareros; unos bares; unas tortillas; los países; las universidades; unas cañas; las familias; unas tapas

9 1. tomamos, pago; 2. tomas/bebes, bebo, tomo; 3. coméis/tomáis, comemos/tomamos; 4. toman, llegamos; 5. toma/come, toma/bebe; 6. pago, pagamos; 7. comes, como

10 2. once países; 3. quince euros; 4. veinte cafés; 5. trece raciones; 6. dieciséis cervezas

11 1. esta, es, Es; 2. estás; 3. es, son; 4. es, Son; 5. es, Son; 6. es, soy; 7. están, Están

12 1. e; 2. c; 3. d; 4. a; 5. b; 6. f

13 **Vorschlag:** 1. Adiós, ¡hasta mañana! 2. Hola, buenas tardes. 3. Roberto, mira … este es Manuel, un amigo. Y esta es mi novia Marta. 4. ¡Hasta luego, buenas noches! 5. ¡Hola …! ¿Qué tal? 5. Una cerveza y unas aceitunas, por favor. 6. ¿Cuánto es, por favor?

3 Profesiones

1 1. el profesor – la profesora; 2. el médico – la médica; 3. el enfermero – la enfermera; 4.el vendedor – la vendedora; 5. los estudiantes – las estudiantes; 6. los arquitectos – las arquitectas; 7. los empleados – las empleadas; 8. los taxistas – las taxistas

2 1–a: Pilar es enfermera. 2–e: La Sra. Hausmann es dentista. 3–d: Manuel es camarero. 4–c: Luis es peluquero. 5–b: El Sr. Marcos es profesor. 6–f: Enrique Solana es representante.

3a a – la tienda; b – la farmacia; c – la peluquería; d – el taller

3b 1. Pablo es mecánico. Trabaja en un taller. 2. Julieta y Manolo son farmacéuticos. Trabajan en una farmacia. 3. Guillermo es peluquero. Trabaja en una peluquería. 4. Nosotras somos vendedoras. Trabajamos en una tienda.

4a dos, doce, veintidós, seis, dieciséis, sesenta y seis, cinco, quince, cincuenta y cinco, siete, diecisiete, setenta y siete

4b cuarenta y tres, setenta y seis, cincuenta y uno, doce, veintinueve, noventa y uno, cuarenta y ocho, cincuenta y siete, noventa y cuatro, treinta y cinco

7a 1., 3., 6., 7., 8., 10., 11., 12: [k]; 2., 4., 5., 9: [z]

8 1. Me llamo, Vivo, Soy, trabajo; 2. de, en, profesora, universidad; 3. son, estudiantes

9 1. trabajáis; 2. vivimos; 3. trabajan; 4. tomo; 5. escribe; 6. trabaja; 7. trabajas; 8. vive, trabaja; 9. tomáis; 10. Trabajan

11 1. en; 2. de; 3. en, de; 4. de; 5. En; 6. en, de; 7. de, por, en; 8. Para, con, por; 9.hasta; 10. de; 11. sobre

12 1. doce; 2. 887.606; 3. 28; 4. 6.647.698.321

13 Es entsteht eine Umrisszeichnung Spaniens.

14 1. ¿En qué trabajas? 2. Vivo en berlín. 3. Pepe es el amigo del actor. 4. Soy cantante y trabajo en Perú. 5. No tengo móvil.

16 1. Una secretaria. 2. En Madrid. 3. Inglés y portugués. 4. Nivel alto de Office.

4 Momentos con familia y amigos

1 **deporte:** hacer deporte, hacer gimnasia, jugar al fútbol; **comida:** cocinar, desayunar, comer con la familia; **música:** tocar el piano, ensayar, hacer un curso de baile; **relax:** descansar, hacer meditación, pasear

2 1. joven; 2. simpática; 3. de mal humor; 4. tranquilo; 5. aburrido; 6. tarde; 7. el peor. **Weitere Beispiele:** 1. La fiesta es divertida, ¿verdad? – ¿Divertida? Yo creo que es bastante aburrida. 2. ¿Tienes siempre buena suerte? – Nooo, tengo mala suerte.

3 1. sábado; 2. lunes; 3. julio; 4. enero; 6. miércoles; 7. jueves; 8. febrero; 9. abril, junio, septiembre, noviembre; 10. martes

5 1. por las mañanas; 2. el domingo; 3. el fin de semana; 4. por las tardes; 5. hoy por la tarde; 6. después. **Beispielsätze, Vorschlag:** Por las mañanas salgo a correr por el parque. El fin de semana me levanto más tarde. Por las tardes voy a clase de inglés.

6 G = [g] in gui, gue, ga, go, gu und vor Konsonant. Ansonsten spricht man G [x]. J spricht man immer [x].

7 **hacer:** hago, haces, hace, hacemos, hacéis, hacen; **salir:** salgo, sales, sale, salimos, salís, salen; **conocer:** conozco, conoces, conoce, conocemos, conocéis, conocen; **ir:** voy, vas, va, vamos, vais, van
1. sale, van; 2. vamos; 3.conozco, va; 4. vas, conoces; 5. hago, voy; 6. vais, conocéis; 7. hacen, salen

8 a) mi, mis, mi, nuestra, tu; b) su, su, sus, sus, sus, su; c) tus, tu, tu, tu, tus, tus; d) Nuestra, nuestras, nuestros.

9 **Beispiele:** 1. Sí, hago gimnasia y salgo con el perro. 2. Como en un restaurante con mis compañeros. 3. Voy a clase de inglés. 4. Descanso por la noche. Para relajarme voy a nadar. 5. Mi día favorito es el miércoles porque quedo con mis amigos. 6. Sí, el domingo planeo toda la semana y apunto en la agenda mis citas. 7. Voy a nadar los martes. 8. Sí, canto en un coro. 9. Sí, voy a un curso de yoga. 10. Salgo a comer, quedo con amigos …

10 1. c; 2. a; 3. d; 4. e; 5. b; 6. f

11 1. La vida de Ulrike en Salamanca es divertida. 2. Va a clase todos los días. Después va de tapas con los compañeros. 3. Sale por la noche o se va de excursión con la clase. 4. Va al cine, a conciertos o hace excursiones. 5. Le gusta la vida en Salamanca. Es una ciudad pequeña, pero no aburrida. Hay muchos estudiantes y muchos bares. Es una ciudad con mucha vida nocturna.

5 Lugares del mundo

1 1. c; 2. d; 3. a; 4. b

2 1. d; 2. b

3 1. ruinas; 2. tráfico; 3. mar; 4. festival; 5. tímido; 6. catedral

4 2. universidad; 3. barrio; 4. iglesia; 5. parque; 6. torre; 7. tráfico; 8. catedral; 9. edificio; 10. avenida; 11. plaza; 12. museo. **Lösungswort:** perspectivas

5 catedral, teatro, parque, cine, restaurante, hospital, tienda, escuela, farmacia, plaza

7 1. poca; 2. muchas, poco; 3. muchas; 4. poco, mucho

8 Hay quince mil trecientas cincuenta personas. Hay quince millones setecientos sesenta y cinco mil novecientos catorce coches. Hay quinientos doce mil sesenta y dos hoteles. Hay seiscientas setenta y seis mil ochocientas doce iglesias.

9 doscientas cincuenta y una personas, novecientos setenta y cinco pueblos, tres mil seiscientos cincuenta y dos parques, quinientas sesenta universidades, dieciocho mil ochocientas ciudades.

10 estás, estoy, es, estoy, está, Es, es, son, está, es, estás, son

11 En los bares hay tapas muy buenas. Lima está en Perú. Madrid es la capital de España. La Plaza Mayor está en el centro. En la clase de español hay gente muy interesante. En Bilbao hay un museo famoso. Salamanca es una ciudad muy antigua. En Viña del Mar hay parques y jardines bonitos.

12 está, Es, es, hay, Hay, hay, Es, es, está, hay, es

13 a) 1. Barcelona, 2. Está en el este de España, en la costa, 3. Es muy grande y cosmopolita, 4. Hay mucha vida cultural y monumentos muy famosos, como la Sagrada Familia.
b) 1. Santiago de Compostela, 2. Está en Galicia, en el norte de España, 3. Es una ciudad histórica muy interesante. 4. Hay una catedral románica, una universidad y un casco antiguo.

14 a 1. En el norte del país. 2. Valladolid. 3. Tiene 315.522 habitantes. 4. Ávila, Segovia, Burgos.

6 Escapadas de fin de semana

1 Ofrece habitaciones grandes y modernas con aire acondicionado, minibar, baño completo y Wi-Fi. **Fragen:** ¿A cuántos kilómetros está del aeropuerto? ¿Dónde está? ¿Cuántos restaurantes tiene? ¿Cuántas habitaciones dobles tiene? ¿Y cuántas invididuales? ¿Tiene servicio de transporte al aeropuerto? ¿Cómo son las habitaciones? ¿Tienen aire acondicionado? ¿Hay minibar en las habitaciones? ¿Y Wi-Fi?

2 1. el hotel; 2. en el centro; 3. individual; 4. libre; 5. media pensión; 6. sin desayuno

3 a pie; cama; alrededores; puesta de sol; por aquí; alquilar; libre

4 a H wird nicht ausgesprochen.

5 **empezar:** empiezo, empiezas, empieza, empezamos, empezáis, empiezan; **querer:** quiero, quieres, quiere, queremos, queréis, quieren; **preferir:** prefiero, prefieres, prefiere, preferimos, preferís, prefieren; **poder:** puedo, puedes, puede, podemos, podéis, pueden; **seguir:** sigo, sigues, sigue, seguimos, seguís, siguen; **repetir:** repito, repites, repite, repetimos, repetís, repiten
1. queremos, quiere, prefiero; 2. prefieres, prefiero, quiero; 3. quieren, preferimos; 4. podemos, puedes; 5. puede; 6. puedo, pueden; 7. repite; 8. repito, empiezo; 9. Sigues; 10. empezamos, seguimos

6 1. ¿Se puede pagar luego en el hotel? 2. Se puede desayunar hasta las 10 de la mañana. 3. Desde la habitación se puede ver el mar. 4 En la página web se ve la habitación más grande. 5. La tarjeta no funciona. No se puede entrar. 6. Se habla alemán.

7 1. este, este; 2. este; 3. estos; 4. Esta, esta; 5. estas; 6. estos; 7. este, esta; 8. este, esta

8 1. b; 2. e; 3. a; 4. f; 5. d; 6. a

9 a Vorschläge: a) Este fin de semana Alba y yo vamos a hacer una escapada rural. Vamos a ir a un pueblo. Queremos alquilar una casa rural. Tenemos que cocinar nosotros. Queremos hacer senderismo. También vamos a pasear por la montaña. b) Este fin de semana Sonia y Jaime van a hacer una escapada a la Rioja. Quieren conocer la ruta del vino de Rioja. Se van a quedar en una finca. Van a visitar algunas bodegas. No pueden ir en coche, tienen que ir en autobús porque quieren probar los vinos. Van a cenar en un restaurante típico. c) Román quiere ir a Galicia este fin de semana con Eva. Tiene que descansar y relajarse. Va a pasar el día en un balneario. También va a visitar la isla de la Toja. Va a cenar mariscos.

10 1. ¿Hay alguna estación de metro por aquí? 2. Perdón, ¿para ir al hotel Regio? 3. ¿Dónde hay un buen restaurante para comer? 4. ¿El Teatro Central está a la izquierda o a la derecha? 5. Perdone, ¿puede repetir?

11 a **Unterschiede:** En el campamento Río Lacanjá se puede disfrutar de la naturaleza y del contacto directo con la gente que vive allí. También se puede explorar la selva en compañía de alguien de la familia lacandona o sentarse con ellos alrededor de un fuego.

11 b **Servicios:** área para acampar, tienda de artesanía, guías. **Actividades:** explorar la selva, visitar las cascadas, visitar zonas arqueológicas, ver la flora y la fauna.

7 ¡Vaya día, qué estrés!

1 Orden cronológico: 4, 1, 6, 9 , 3, 10, 2, 8, 5, 7

2 1. Son las seis y cuarto. 2. Son las cinco y diez. 3. Son las dos y media. 4. Son las ocho menos veinte. 5. Son las doce en punto. 6. Es la una y veinticinco. 7. Son las doce menos cuarto. 8. Son las siete y cinco. 9. Es la una menos cinco.

3 1. 300 gramos de queso / jamón; 2. 2 kilos de manzanas / naranjas; 3. medio kilo de café / manzanas / naranjas; 4. un litro de leche / aceite; 5. un paquete de café; 6. una botella de cava / agua / aceite / vino / leche; 7. una lata de atún; 8. una barra de pan; 9. una bolsa de patatas fritas

4 La letra y tiene dos formas de pronunciación: [j] y [i]. Se pronuncia [i] cuando cuando va a final de palabra.

5 1. gusta; 2. encantan; 3. gusta; 4. gustan; 5. encanta; 6. gustan; 7. encanta; 8. gustan; 9. gusta; 10. gusta

6 **levantarse:** me levanto, te levantas, se levanta, nos levantamos, os levantáis, se levantan; **ducharse:** me ducho, te duchas, se ducha, nos duchamos, os ducháis, se duchan; **quedarse:** me quedo, te quedas, se queda, nos quedamos, os quedáis, se quedan; **acostarse:** me acuesto, te acuestas, se acuesta, nos acostamos, os acostáis, se acuestan
1. te levantas, me levanto; 2. se ducha, se levanta; 3. nos quedamos; 4. se acuesta, me acuesto; 5. te quedas, me quedo; 6. Os quedáis

7 1. os; 2. nos; 3. Les; 4. le; 5. me; 6. se; 7. te; 8. le; 9. te; 10. les

8 Falta la preposición en las frases: 1, 2, 4, 6, 7.

9 1. Este, ese; 2. Estas, estos; 3. esa, Esta; 4. estas, esas; 5. esos, estas, esas

10 1. Toni tiene que ir a comprar. 2. ¿Vamos a cocinar algo? 3. ¿Pero no acabas de comer? 4. Después del trabajo vamos a ir a tomar algo, ¿vienes? 5. Hay que hacer algo por el medio ambiente, ¿no? 6. Me tengo que duchar. Acabo de hacer deporte.

11 1. podemos; 2. sé; 3. Sabes; 4. Puedes; 5. sabes; 6. puedo; 7. puede; 8. Podéis; 9. sabe; 10. sé, puedes

13 **Vorschlag:** 1. A mí, no. 2. A mí tampoco. 3. A mí también. 4. A mí, sí. Otros ejemplos: A mí me gusta cocinar. ¿Y a ti? – A mí, no. A mí me encanta acostarme tarde. ¿ Y a ti? – A mí también.

14 **Bar:** Unas patatas bravas y tortilla. ¿Qué queréis de pincho? ¿Qué vais a tomar? Yo pago esta ronda. **Restaurante:** ¿Nos trae la carta, por favor? ¿Qué tienen de postre? Una botella de vino tinto y otra de agua sin gas. ¿Van a tomar café? De primero una ensalada. ¿Qué lleva de guarnición?

15 a El «invitado» es el cava.

15 b 1. Verdadero; 2. Falso: el método de elaborar el cava y el champán es igual, pero hay diferencias entre los dos, por ejemplo en la uva. 3. Verdadero; 4. Verdadero; 5. Falso: se consume cava en todo el mundo, por ejemplo en Estados Unidos, Brasil y China.

8 Tiempo libre

1 **Vorschlag:** 1. g; 2. c; 3. a; 4. b; 5. d; 6. e; 7. f; 8. h

2 **Horizontal:** hacer deporte, salir, descansar, bailar, correr, ir al cine; **Vertical:** nadar, leer, cocinar.

3 hacer deporte, salir, bailar, correr, ir al cine, nadar, cocinar, ir a un concierto, jugar al tenis, ir a un partido de fútbol, esquiar, estar en una exposición, montar en bicicleta, hacer senderismo, leer

4 Pilar y Rosa montan en bicicleta de siete y media a ocho y media. Carmen y Raúl juegan a las cartas a las cinco menos cuarto. Pedro come a las dos y media. Martina juega al fútbol por la tarde. Laura y sus amigas juegan al baloncesto de siete a ocho.

5 **jugar:** juego, juegas, juega, jugamos, jugáis, juegan; **decir:** digo, dices, dice, decimos, decís, dicen; **oír:** oigo, oyes, oye, oímos, oís, oyen; **poner:** pongo, pones, pone, ponemos, ponéis, ponen; **venir:** vengo, vienes, viene, venimos, venís, vienen

6 1. ser; 2. estar; 3. hacer; 4. ir; 5. comer; 6. venir; 7. jugar; 8. hablar; 9. oír

7 **Vorschlag:** b – Diego se ha duchado. c – Ha ido al trabajo. d – Ha trabajado. e – Ha comido en un restaurante. f – Ha ido de compras. g – Ha ido al cine con una amiga. h – Ha bebido una cerveza con una amiga.

8 **Vorschlag:** Hoy has salido a tomar algo.; Este fin de semana Susana no se ha acostado tarde.; Este mes no hemos estado en el cine.; Esta mañana he perdido el móvil.; Este fin de semana vosotros os habéis quedado en casa.; Hoy las chicas han ido a un concierto de rock.

10 **Vorschlag:** ¿Diga? – No, no puedo, es que tengo que trabajar, pero si quieres vamos mañana. – ¿Qué ponen? ¿Y a qué hora quedamos? – Bueno, vale, ¿dónde quedamos? – De acuerdo, ¡hasta mañana!

11 a 1. bonito; 2. no vive nadie; 3. autobiográfica; 4. Madrid; 5. una niña

9 Viviendas

1 Vorschlag: 1. d; 2. c

2 **horizontal:** el sillón, la lámpara, el armario, la cama, el sofá, el espejo; **vertical:** la silla, la mesa, la lavadora

3 a Es la habitación a.

4 **España:** 1. Tenerife es más grande. 2. El Ebro es más largo. 3. Sevilla es más grande. 4. Murcia es más pequeña. 5. La montaña más alta de España es el Teide (3718 m), en Tenerife. La más alta de la península es el Mulhacén (3482 m), en la Sierra Nevada.
Latinoamérica: 1. Paraguay es más grande. 2. El Amazonas es el río más largo (más de 6000 km). 3. La isla más grande del Caribe es Cuba. 4. El lago más grande de Latinoamérica es el lago Titicaca. 5. El aeropuerto más alto de Latinoamérica es el de La Paz.

5 b Wörter, die auf Vokal, **-n** oder **-s** enden, werden auf der vorletzten Silbe betont. Wörter, die auf Konsonant, außer **-n** und **-s** enden, werden auf der letzten Silbe betont. Alle Wörter, die von dieser Regel abweichen, erhalten einen (grafischen) Akzent auf der betonten Silbe.

7 2. Un barco es menos rápido que un avión. 3. París es tan cosmopolita como Londres. 4. Un piso grande es mejor que un piso pequeño. 5. Picasso es tan famoso como Dalí. 6. Los edificios de Nueva York son más altos que las casas de Sevilla.

8 **Vorschlag:** ¿Qué está haciendo el señor en el jardín? Está leyendo el periódico. ¿Qué está haciendo el señor en la cocina? Está desayunando. ¿Qué están haciendo la señora y el chico en la sala de estar? Están comiendo. ¿Qué está haciendo la señora en el cuarto de baño? Está limpiando. ¿Qué están haciendo los chicos en el dormitorio? Están jugando. ¿Qué está haciendo el señor en el despacho? Está escribiendo en el ordenador. ¿Qué está haciendo la abuela en el dormitorio? Está descansando.

9 1. está; 2. es; 3. hay; 4. está; 5. está; 6. está; 7. hay; 8. es; 9. Está, está; 10. Hay

11 b 1. b; 2. b; 3. b; 4. a

10 De viaje

1 **Vorschlag:** ¿Dónde empieza el viaje?, Quiero probar la comida típica.; ¿Qué día llegas?; ¿Cuánto tiempo te quedas?, ¿Quieres ver este monumento?; Voy a comprar regalos en el mercado.

2 **Preparativos:** hacer la maleta, ir al banco; **Destino:** ir a la montaña, volar a la capital; **Alojamiento:** alojarse en una pensión, en un camping; **Forma de viajar:** viajar en grupo, solo, con amigos, con la familia; **Transporte:** en tren, en autobús, en avión; **Temporada:** en primavera, en otoño, en invierno; **Lugares de interés turístico:** museos, la parte antigua; **Actividades:** dar un paseo en barca, hacer una excursión a los alrededores

3a fui, me quedé, probé, gustó, bebí, conocí, alquilamos, fuimos, recorrimos, fue

3b La semana pasada fue a Playa del Carmen. Se quedó en una antigua finca. Probó la cochinita pibil, le gustó mucho. Y también bebió una chela. Conoció a dos chicas de Salamanca. Alquilaron un coche y fueron los tres a Mérida. Después recorrieron la costa del Golfo de México.

4a 1. a) presente; 1. b) pasado; 2. a) pasado; 2. b) presente

4b **Lösungvorschlag:** ¿Qué te pasó? – Paso dos semanas en la playa.

5 fueron, salieron, llegó, llamó, empezó, conquistaron, empezó

6 Hoy, esta semana, este mes, este año

7 1. Julio comió unos tamales muy ricos. 2. El fin de semana pasado fuimos a la playa. 3. En 2012 empezó a aprender español. 4. Ayer vi una película buenísima en el cine Asturias. 5. El mes pasado conocisteis a mucha gente en Chile.

8a 1. Correcto; 2. Correcto; 3. Falso; 4. Falso; 5. Correcto; 6. Falso; 7. Correcto; 8. Falso

9 + Buenos días, ¿a qué hora sale mañana el tren para Sagunto?
– A las 9:57.
+ ¡Ah, qué bien! ¿Y a qué hora llega a Sagunto? – Llega a las 15:45.
+ Bueno, entonces un billete de ida y vuelta, por favor.
– ¿En qué clase?
+ Turista. ¿Tengo que hacer trasbordo? – Sí, en Valencia.
+ Muy bien, ¿cuánto es? – Son 29,65 euros.

10 1. Buenos días, ¿cuándo sale el próximo autobús a Veracruz? 2. ¿Cuánto dura el viaje? 3. ¿No hay uno más rápido? 4. Pues quiero dos billetes.

11a 3, 8, 4, 7, 5, 1, 2, 6

11 ¡Vamos de boda!

1 1. d; 2. a; 3. b; 4. c; 5. c

2 1. mi tía; 2. mi sobrino; 3. mis abuelos; 4. mi marido; 5. mi nieta; 6. mi primo

3a **el pelo:** rubio/-a, moreno/-a, castaño/-a, corto, largo; **los ojos:** azules, marrones, negros; la figura: delgado/-a, gordo/-a, normal; **la estatura:** alto/-a, bajo/-a, normal; **otros:** con gafas, lleva barba, feo/-a, guapo/-a, joven, mayor

3b **Vorschlag:** María Ramírez es morena. Tiene el pelo largo y los ojos negros. Es joven y un poco gordita. Fernado es muy delgado. Es alto y rubio. El señor Zapatero es mayor, tiene gafas y lleva barba. Tiene los ojos marrones y poco pelo.

4 **Vorschlag:** una mañana de febrero: gris; una playa del Caribe: azul y verde; el final de una película de amor: rosa; una ensalada de fruta: de muchos colores, rojo, amarillo, naranja …; la Navidad: blanca: la montaña: marrón

6 1. roja, blanco; 2. marrones, naranja; 3. azules, amarilla; 4. gris, roja; 5. verde, rosa; 6. naranja, negros.

7 1. c – calor; 2. b – lluvia; 3. d – agradable; 4. a – frío.

8 1. el gorro o el abrigo; 2. las zapatillas de deporte y las camisetas; 3. los guantes; 4. la corbata; 5. la falda; 6. el traje, el abrigo y el gorro; 7. los zapatos, los pantalones y los guantes.

9 1. los; 2. le; 3. lo; 4. Les; 5. las, las; 6. la

10a dicho, hecho, escrito, abierto, muerto, vuelto, roto, visto, puesto, ido. Regular: ido.

10b 1. hemos abierto, has puesto, ha roto; 2. he visto, ha escrito, han vuelto, han dicho, han hecho, han visto

11 **pretérito perfecto:** hasta ahora, este mes, siempre, esta semana, algunas veces, este año, hoy, nunca, ya, todavía no, este fin de semana, últimamente; **pretérito indefinido:** ayer, anoche, el año pasado, la semana pasada, hace dos años, el fin de semana pasado, el mes pasado, el otro día, en 2014

12 2. os habéis casado, nos casamos; 3. has conocido, conocí; 4. se ha jubilado, se jubiló; 5. han vivido; 6. has vuelto, volví; 7. ha nacido, nació; 8. te has enamorado, me enamoré

13 1. ¿Dónde naciste? 2. ¿Dónde fuiste al colegio? 3. ¿Cuándo terminaste tus estudios? 4. ¿Dónde aprendiste alemán? 5. ¿Cuándo conociste a tu novia? 6. ¿Cuándo os casasteis?

15 **Vorschlag:** a … este pantalón, ¿lo tiene en una talla más grande?; b … estos pantalones me quedan grandes, ¿los tiene más pequeños?; c … estos zapatos, ¿los tiene en un número más pequeño? Estos me quedan grandes. d ¿cuánto cuesta?

12 ¿Tienes algún hobby?

1 2. hacer submarinismo; 3. hacer senderismo; 4. jugar al fútbol; 5. coleccionar cedés; 6. hacer esquí acuático; 7. tocar un instrumento; 8. hacer deporte; 9. jugar a las cartas; 10. pintar cuadros; 11. montar a caballo; 12. hacer pasteles

2 1. submarinismo; 2. pastel; 3. ciencia; 4. saltar; 5. edificio; 6. año

3 muchos – pocos; unos – otros; algún – ningún; alguno – ninguno; todo – nada; alguna – ninguna; poco – mucho; alguien – nadie

4 1. algún, ningún; 2. alguna, ninguna; 3. algunos, ningún; 4. alguna, ninguna; 5. ninguno; 6. algunas, ninguna

5 1. el cantante – buenísimo; 2. la torre – altísima; 3. el espectáculo – divertidísimo; 4. las bebidas – carísimas; 5. la exposición – interesantísima; 6. los parques – hermosísimos

6 **Vorschlag:** 1. Los árboles altos son lo más bonito en este parque. 2. Para mí, lo más importante es estar en la naturaleza. 3. Para nosotros lo más aburrido es ir al museo. 4. Lo que más me interesa es mi trabajo.

7 cada, cada una, alguna, algo, alguien, algunos, cada uno, nadie, algún

9 1. b; 2. d; 3 e; 4 a; 5 c

10 1. ¿Tienes / Tiene muchos hobbis? 2. Sí, tengo varios. 3. Y ¿cuál es tu / su hobby preferido? 4. Lo que más me gusta es pintar. 5. ¿Puedo ver tus / sus cuadros? 6. Sí, después del trabajo puedo enseñarle / enseñarte algunos. 7. Lo siento, pero hoy voy a correr con un amigo. 8. ¿Cuántas veces por semana corres / corre? 9. Dos o tres veces por semana. ¿Quiere / Quieres venir a correr la semana que viene con nosotros? 10. Lo siento, pero no me gusta mucho correr.

11 1. No, tiene 18.000 km^2. 2. Para niños, con o sin discapacidad. 3. Abre de octubre a marzo, de 11 a 18 horas y de abril a septiembre, de 11 a 21 horas. 4. La entrada única cuesta 3 euros. 5. Porque hay diferentes zonas que quieren desarrollar la imaginación y los sentidos.

13 Antes era diferente

1 hacer yoga, ir al fútbol, lavar los platos, planchar, hacer la compra, pasar la aspiradora, cocinar, limpiar

2 1. limpiar la casa; 2. ocuparse de los hijos; 3. poner la lavadora; 4. regar las plantas

3 1. ni alemán ni francés; 2. ni teléfono ni televisión; 3. ni el marisco ni el café; 4. ni las patatas ni el vino tinto; 5. ni faldas ni vestidos; 6. ni pescado ni verdura.

4 gustaba, iba, tomaba, veía, bailábamos, estaban, había, tenía, era, jugabas

5 1. era, tenía; 2. vivía, estudiaba; 3. pasaba, 4. gustaba; 5. nos encontrábamos, nos íbamos; 6. era; 7. era

6 1. Por las mañanas, yo siempre tomaba dos tazas de café con leche. 2. Antes, mi hermana y yo íbamos en autobús o a pie al colegio. 3. Cuando llegué, ellos aún no estaban en la fiesta. 4. Y, en verano, ¿también te levantabas siempre a las 6? 5. María, de pequeña, se llevaba muy bien con sus hermanos. 6. ¿Vosotros vendisteis la casa el mes pasado? 7. Ayer Juan y Elena decidieron casarse en otoño.

7 1. vivía; 2. se llamaba; 3. era; 4. estaba; 5. subía; 6. buscaba; 7. llegaba, se sentaba, miraba, pensaba; 8. escuchó; 9. se levantó, caminó, vio, estaba; 10. preguntó, respondió; 11. preguntó, miró, contestó

8 1. creyó, leyó; 2. pidieron; 3 volvió, durmió; 4. comprendió, repitió; 5. prefirieron

11 2. ¿Dónde vivías? 3. ¿Dónde jugabais? 4. ¿Qué te gustaba? 4. ¿Dónde pasabas el verano? 6. ¿Cuál era tu juguete preferido? 7. ¿Había cine? 8. ¿Te gustaba tu profesora?

12 1. Mimi no come ni carne ni pescado. Mimi ni come carne ni pescado. 2. Antonio y Juan no hablan ni inglés ni francés. Antonio y Juan ni hablan inglés ni francés. 3. A Quique no le gusta ni la playa ni el campo. A Quique ni le gusta la playa ni el campo. 4. Nosotros no viajamos ni en avión ni en barco. Nosotros ni viajamos en avión ni en barco. 5. Luisa no conoce ni París ni Londres. Luisa ni conoce París ni Londres. 6. La ahijada de David no sabe leer ni escribir. La ahijada de David ni sabe leer ni escribir.

13 1. Es presidente de Bolivia. 2. Nació en la comunidad de Isallavi. 3. Sus padres eran campesinos. 4. Era una casita de adobe y techo de paja. 5. Jugaba al fútbol.

14 Solidaridad sin fronteras

1 ¡Aprender es guaaau! – Alfabetización emocional para niños. Proyecto terapéutico. MotiARTE – Anímate con el arte. Proyecto de formación en artesanía, teatro y dibujo. Proyecto cultural. SALVAR EL PLANETA-Cuando reciclas, la Tierra te dice «gracias de corazón». Es un proyecto ecológico. MuéveteXSiria – Con tu apoyo, apoyamos a los refugiados. Proyecto social.

2a 1. ¡Fue fantástico/-a! 2. ¡Fue emocionante! 3. Fue muy malo/-a. 4. Fue duro/-a. / Fue pesado/-a. 5. ¡Fue un éxito! 6. ¡Fue perfecto/-a! 7. ¡Fue impresionante! 8. ¡Fue maravilloso/-a! 9. ¡Fue muy bonito/-a! 10. ¡Fue fenomenal! 11. Fue aburrido. 12. Fue muy agradable.

3 **Intrusos:** 1. frontera; 2. plantar; 3. clima; 4. padecer.

4a Juan está estresado. María está contenta. Yo estoy cansado. Bea está triste. Fernando está enfadado.

4b 1. estresado; 2. contenta; 3. cansado; 4. triste; 5. enfadado.

5 1. empecé; 2. organizamos; 3. fue, colaboró, pudieron; 4. hicimos, plantamos; 5. fueron, fue

6 1. fui; 2. tuvo; 3. fue; 4. Estuvisteis; 5. fue; 6. fuimos; 7. pude; 8. fueron

7 1 es (identificación); 2 está (localización); 3 está (localización); 4 estás (estado de ánimo); 5 estoy (localización); 6 es (cualidad); 7 estoy (localización); 8 estoy (localización); 9 es (lugar donde ocurre algo); 10 está (localización); 11 estoy (trabajo temporal); 12 soy (profesión); 13 soy (profesión); 14 estoy (estado).

8 **Vorschläge:** a) Están muy tristes: han ido a un partido de fútbol y su equipo ha perdido. b) Está muy cansada. Ha tenido un día de mucho trabajo. c) Está triste: ha llamado muchas veces a su novia pero no le ha contestado. d) Está muy contenta: ha terminado sus estudios y hoy le han dado el título. e) Está enfadado y no quiere esquiar nunca más porque se ha caído y se ha roto una pierna. f) Está tranquila y feliz: ha ido a un spa, le han dado un masaje y se ha relajado mucho.

10 **Ejemplos:** 2. Es que he tenido un problema en la oficina. 3. Es que no he podido ir de compras. 4. Es que me he resfriado. 5. Es que me he venido sin dinero. 6. Es que he estado en una reunión. 7. Es que he quedado con alguien. 8. Es que ha venido un amigo de Madrid.

11 **Vorschläge:** Gran Canaria – la de muchas caras. Es una isla turística, de clima, flora y fauna muy variados y con atractivas playas. Tenerife – la clásica. Es una isla con variedad de paisajes, muchas posiblilidades de practicar deportes y arquitectura interesante. Lanzarote – la volcánica. Es una isla de extaordinarios paisajes y fantasía. Fuerteventura – la arenosa. Es una isla de largas playas y mucho viento. La Gomera – la pequeña. Es una isla montañosa y de turismo individual. La Palma – la isla verde, con rica naturaleza. El Hierro – la solitaria, la isla para las vacaciones tranquilas.

15 ¿A qué te dedicas?

1 1. h; 2. a; 3. b; 4. g; 6. c; 7. n; 8. l; 10. i; 13. j; 14. d; 15. m; 16. k; 17. e; 18. f. faltan: 5, 9, 11, 12.

2 1. el papel; 2. el lápiz de memoria; 3. la empresa; 4. el cine; 5. el tren; 6. el armario

3 2. Se ha bloqueado el sistema. 1. No se pueden abrir los archivos. 3. No tiene acceso a Internet.

4 1. acaban de comprar; 2. acabamos de llegar; 3. acabo de salir

5 1. compró; 2. Hizo, aprendió; 3. se ha bloqueado; 4. enciende; 5. escribe; envía; 6. quiso, pudo; 7. Tuvo, vinieron / vino; 8. se ha solucionado

6 1. ~~para~~/por; 2. + Para / ~~Por~~ cuándo, Para / ~~Por~~ mañana, para / ~~por~~ favor; ~~para~~ / por suerte; 3. + para / ~~por~~ mí, para / ~~por~~ ti; para / ~~por~~ Carmen; 4. ~~Para~~ / Por mí; 5. gracias ~~para~~ / por todo; el lunes ~~para~~ / por la mañana; 6. ~~para~~ / por aquí

7 1. Muy, Muy, muchos, mucho/demasiado, muy, mucho. 2. muy; demasiado/muy, mucho, muy, muy/demasiado

8 1. De quién – f; 2. Dónde – a; 3. A qué – e; 4. de qué – c; 5. Para quiénes – b; 6. Quién – g; 7. Qué – d.

9 **Saludo formal:** Estimados señores: Muy señor mío: Estimada señora Pacheco:
Saludo informal: Querida Paulina: ¡Hola, Roberto!, ¡Hola a todos!
Despedida formal: Quedo a la espera de sus noticias. Le saludamos muy atentamente.
Despedida informal: ¡Hasta pronto! Saludos cordiales, Muchos saludos, Un abrazo,

10 1. Gracias por la invitación. 2. Paso por París. 3. ¿Es el vuelo para Lima? 4. Me he comprado un ordenador por 600 euros. 5. Esto es para ti.

11 a 1. La canciller alemana. 2. Es Rosalía Mera. 3. Confecciones Goa. 4. Inditex. 5. A causas humanitarias.

16 Ser feliz, pero ¿cómo?

1 2. éxito; 3. familia; 4. amigos; 5. música; 6. aficiones; 7. dinero; 8. amor; 9. Salud. FELICIDAD.

3 1. e; 2. a; 3. d; 4. c; 5. b

5 gastaríamos, tomaríamos, pediría, haría, venderían, trabajaría, sacaría, haríais

6 1. a) trabajaría, b) pediría; 2. a) iría, b) pondría; 3. a) tomaría, b) invitaría; 4. a) haría, b) viajaría

7 1. podrías; 2. harías; 3. pondríais; 4. ayudaría; 5. Diría

8 1. Podría; 2. seríamos; 3. dirían; 4. querríamos; 5. habría; 6. estaríamos; 7. estaríamos; 8. compraría; 9. sentiría

9 a 2. le tiene miedo al agua. 3. no tiene bastante dinero. 4. no tiene tiempo. 5. mañana tienen que levantarse temprano.

9 b **Vorschlag:** 2. Yo que Rosa haría submarinismo sola. 3. Yo que Jorge, iría al trabajo en bicicleta. 4. Yo que Eugenia haría un curso en las vacaciones. 5. Yo que ellos me iría pronto a casa.

10 b 1. Adrian White, Universidad de Leicester, en el Reino Unido. 2. La felicidad. 3. Dinamarca. 4. En el lugar 35.

17 Nuevos horizontes

1 a **Vorschlag:** frontera, exilio, extranjero, puerto, extraño, inmigración, hambre, pobreza …

1 b **Vorschlag:** 1. Muchos emigrantes tienen que soportar pobreza y pasar hambre. 2. En la frontera, la policía controla los pasaportes. 3. Muchos emigrantes españoles tuvieron que ir al exilio a causa de la Guerra Civil. 4. En un país extranjero, al principio todo resulta extraño. 5. Muchos llegaron a Argentina por el puerto.

2 1. durante; 2. Mientras; 3. Durante; 4. Mientras; 5. durante

3 a **Vorschlag:** a. Estábamos cenando cuando alguien llamó a la puerta. b. Estaba dando un paseo por la calle cuando vi un accidente c. Ana estaba hablando por teléfono con Javier cuando llegó su marido. d. Juan y yo estábamos cocinando cuando desapareció el pescado.

3 b **Vorschlag:** 1. Estábamos escuchando el concierto cuando sonó mi móvil. 2. Estaba dando un paseo en bicicleta cuando empezó a llover mucho. 3. Estaba pensando en ti justo cuando llamaste por teléfono. 4. Estábamos viendo un partido de fútbol cuando llegó mi suegra. 5. Carlos estaba corriendo por el parque cuando perdió las llaves de casa

4 **Vorschlag:** Algunos chicos estaban bailando, un chico estaba tocando el piano y otros estaban bebiendo.

5 1. Estaba, había, hacía; 2. Eran, estaba, estaba; 3. Estaba, había, llevaban

6 1. fui, me encontré; 2. tomaba, robaron; 3. emigraron; 4. Pasamos; 5. iba; 6. se fueron; 7. pasó; 8. llovió, salió

7 No eres de aquí, ¿verdad? ¿Es la primera vez que vienes a España? ¿Estás de vacaciones? ¿A qué te dedicas ahora? ¿Me das tu número de móvil? ¿Por qué?

8 1. ¿De dónde eres? ¿De qué país eres? ¿De qué región? 2. ¿Desde cuándo vives en Alemania? ¿Hace mucho que vives en Alemania? 3. ¿Por qué viniste a Alemania? 4. ¿Qué impresión tuviste cuando llegaste? 5. ¿Qué echas de menos? ¿A quién e chas de menos? ¿Qué extrañas de tu país? 6. ¿Qué te gusta de Alemania? ¿Qué no te gusta? 7. ¿Quieres quedarte en Alemania o quieres volver a tu país?

9 1. b; 2. b; 3. b; 4. b; 5. b; 6. b

10 b 1. Ingenieros; 2. Wiesbaden; 3. 3.000 euros; 4. Conocimientos informáticos en el programa CATIA, en diseño de vehículos o mecánica y en aviación, ingeniería eléctrica y construcción. 5. A salarios atractivos y perspectivas de futuro. 6. 3.500 euros.

18 ¡Qué noticia!

1 periódicos / diarios; las redes sociales; la radio; la televisión; la prensa / el periódico / el diario; revista

2 1. Noticia 2; 2. Noticia 1; 3. Noticia 1 y 3; .4. Noticia 3; 5. Noticia 1; 6. Noticia 3; 7. Noticia 3; 8. Noticia 2

3 telediario; concurso; película; dibujos animados, documental, anuncios

4 **hábitos saludables:** consumir productos ecológicos, beber mucha agua, comer fruta y verdura, comer pescado, cocinar con poca sal, tomar té verde, hacer deporte, desayunar muesli; **hábitos no saludables:** comer mucha carne, mucho marisco; tomar mucho vino, mucho café, mucho chocolate; dormir menos de cinco horas

5 1. habíais probado; 2. habías dado; 3. había estado; 4. habías preparado; 5. habías estado; 6. habían visto

6 1. Cuando llegamos a la fiesta, se habían ido ya. 2. Cuando llegué a la estación, el autobús había salido ya. 3. Cuando fuimos al teatro, las entradas se habían terminado ya.
4. Cuando Alberto fue a la cita, Toño se había ido ya.
5. Cuando fueron a comprar el piso, lo habían vendido ya.
6. Cuando terminamos la reunión, te habías ido ya.
7. Cuando dejé el trabajo, había encontrado otro ya.

7 1. te las; 2. se lo, 3. os la, 4. te los, te las, 5. se la, 6. Se lo

8 1. te la; 2. se los, se los; 3. se la; 4. os las; 5. se la, 6. os lo

11 **Vorschläge:** 1. No, ¿qué ha pasado? 2. Sí, a veces veo Master Chef. 3. Sí, compro fruta, verdura y tés. 4. Sí, me gustan pero soy alérgico. 5. Sí, sí lleva. 6. De verduras. 7. No, es al horno. 8. Sí, aquí tienes. 9. Poco hecha. 10. ¡Igualmente! ¡Que aproveche! 11. Como poca carne y mucho pescado. No tomo café ni alcohol. 12. No, solo los fines de semana.

19 La meta es el camino

1 1. c – tarjeta de crédito; 2. f – aspirinas; 3. a – mapa; 4. g – MP3; 5. e – pasaporte; 6. h – agenda; 7. b – llave; 8. d – cartera

3 **Vorschlag:** Preparar la maleta: ya he preparado la maleta; renovar el pasaporte: todavía no he renovado el pasaporte; dejar las llaves: ya le he dejado las llaves a Clara; informarse sobre: nos hemos informado sobre el alquiler de coches en Cádiz; llevar el gato al hotel: Sara no quiere llevar el gato al hotel; comprar regalos: Alicia ha comprado muchos regalos para la familia; hacer muchas cosas: Marta hace muchas cosas antes antes de salir; sacar la basura: Bea tiene que sacar la basura; ir a la peluquería: no he ido a la peluquería.

4 **Correcto:** 1. difícil; 2. eficiente; 3. independiente; 4. totalmente; 5. realmente

5 alquilar; promoción, seguros, permiso de conducir, pasaporte, formulario

6 a – Lee más alto; b – Vaya todo recto; c – Come bien; d – Corre más rápido.

7 a haz, 2. sal, vete, ten, 5. ponte

7 b **Vorschlag:** reservad entrada al museo, preguntad por el casco antiguo, planificad el día, llevad agua, comed cosas típicas, salid temprano

8 1. a; 2. f; 3. b; 4. c; 5. d; 6. e

9 2. salga; 3. cruce, vaya; 4. tome; 5. Siga

10 **Formas correctas:** 1. sal; 2. coge; 3. compra; 4. llámame; 5. pasen; 6. deja.

11 1. lee; 2. escribe; 3. sal; 4. toma

12 relájate, duerme, levántate, haz, da, come, llama, queda, haced, ven

13 1. sal con tus amigos; 2. coge un taxi; 3. ven a mi casa; 4. hagan ejercicio

15 b 1. En Latinoamérica: de Lima a Chile. 2. Cuesta entre 2.100 y 8.500 euros. La fianza cuesta 2.000. 3. 4.900 metros sobre el nivel del mar. 4. Se necesitan dos fotos por persona, la fotocopia del carnet de conducir, la fotocopia del pasaporte y los justificantes del pago de la inscripción y de vacunación contra la fiebre amarilla.

20 Salud y emociones

2 **amor:** Te quiero. / Estoy enamorado/-a. odio: ¡Lo odio! No lo aguanto. **tristeza:** ¡Qué pena! Lo siento. ¡Qué triste! Me duele. Me hace llorar. **asco:** ¡Qué asco! Me da mucho asco. **ternura:** Cariño. **admiración:** ¡Qué maravilla! ¡Qué curioso! ¡Qué guay! **ira:** ¡Qué rabia! ¡Qué idiota! **miedo:** ¡Qué horror! Me da miedo. **alegría:** ¡Qué bien! Me alegro mucho. Me hace reír mucho.

3 a 1.emoción; 2. dolor; 3. enfermedad; 4.resfriado; 5. cuidado; 6. llanto; 7. pensamiento

3 b **Ejemplos:** El amor y la alegría son emociones positivas. Tengo dolor de cabeza. ¿Qué enfermedad tiene? Me siento mal. Creo que me he resfriado. Ten cuidado con la alimentación. El cuadro refleja el llanto de una madre. Evita los pensamientos negativos.

4 **tú:** haz, bebe, vete, duerme, toma, sal, disfruta, sé, vive, llama, concéntrate, descansa; usted: evite, vaya, haga, duerma, pase, salga, viva, coma, cuide, concéntrese, descanse
vosotros/-as: tomad, pasad, pensad, haced, id, tened, comed, cuidad
ustedes: vayan, tomen, beban, hagan, piensen, disfruten, sean, llamen

5 1. Llama a urgencias, por favor. 2. Déjeme su tarjeta del seguro, por favor. 3. Dame una tirita, por favor. 4. Quítese la ropa, por favor. 5. Deme las pastillas, por favor. 6. Cúrenme la herida, por favor. 7. Ponme crema en la espalda, por favor. 8. Recéteme el jarabe, por favor. 9. Esperen en la sala de espera, por favor. 10. Denme algo para el dolor, por favor. 11. Abra la boca, por favor.

6 Levántate temprano. – No te levantes temprano. Ve al gimnasio. – No vayas al gimnasio. Haz los ejercicios de español. – No hagas los ejercicios de español. Saca al perro. – No saques al perro. Prepárate la comida. – No te prepares la comida. No pidas unas pizzas a Pizzarápida. – Pide unas pizzas a Pizzarápida. No duermas la siesta. – Duerme la siesta. No cojas el coche para ir al trabajo. – Coge el coche para ir al trabajo. Aprende a bailar salsa. – No aprendas a bailar salsa. Juega al pádel. – No juegues al pádel. Deja de fumar – No dejes de fumar. No comas muchos pasteles. – Come muchos pasteles.

7 1. mi, el mío; 2. nuestra, la nuestra; 3. su, sus; 4. mi, la mía; 5. sus, suyas, su; 6. mi, la tuya, la mía;

8 empezó a, dejó de, tuvo que, volvió a, solía

9 **Ejemplos:** 1. Me hace reír Hape Kerkeling. 2. Me emocionan las novelas románticas. 3. Me dan miedo las películas de terror. 4. Me dan asco las escenas de mucha sangre. 5. Odio los cuadros abstractos.

10 1. Tiene dolor de cabeza. Se siente cansado y no tiene apetito. 2. Está deshidratado. 3. No le aconseja descansar en la playa, sino en casa.

21 ¡Muchas felicidades!

1 1. dinero; 2. sexo; 3. artificiales; 4. medianoche; 5. espíritus; 6. uvas; 7. sidra; 8. velas; 9. roja; 10. agua

2 a ¡Buen viaje!; b ¡Chinchín!; c ¡Que aproveche!

3 **estudiar:** estudie, estudies, estudie, estudiemos, estudiéis, estudien; **llamar:** llame, llames, llame, llamemos, llaméis, llamen; **comprender:** comprenda, comprendas, comprenda, comprendamos, comprendáis, comprendan; **beber:** beba, bebas, beba, bebamos, bebáis, beban; **escribir:** escriba, escribas, escriba, escribamos, escribáis, escriban; **vivir:** viva, vivas, viva, vivamos, viváis, vivan; **conocer:** conozca, conozcas, conozca, conozcamos, conozcáis, conozcan; **tener:** tenga, tengas, tenga, tengamos, tengáis, tengan

4 1. comprenda; 2. llames; 3. tengan; 4. bebamos; 5. escribáis; 6. vivan; 7. aprenda; 8. conozcáis

5 1. escriban; 2. vengáis; 3. hagamos; 4. paguen; 5. trabaje; 6. beba; 7. salga; 8. llegues

6 Para que ... 1. no haya problemas. 2. sepas lo que pasa. 3. estéis tranquilos. 4. P vea mejor. 5. vayas a recogerlos al aeropuerto. 6. todo esté listo esta tarde. 7. estén más ricos. 8. vea las noticias.

7 **ser:** seas, seáis; **saber:** sepa, sepan; **ir:** vayas, vayamos; **estar:** esté, estéis; **ver:** vea; vean; **haber:** haya

8 1. estudie; 2. podamos; 3. compren; 4. duerma; 5. salga; 6. leas; 7. toque; 8. venga; 9. guste; 10. traiga

9 1. llegues; 2 traduzcas; 3. sepas; 4. tengáis; 5. vayáis; 6. termine; 7. haya; 8. tomemos

10 **Carla:** Va ir a la fiesta de Rosa. Le gustaría trabajar. Va a ir a la fiesta de Rosa porque se lo prometió.
Luis y Ana: Van a hacer una fiesta. A Luis le gustaría cenar tranquilos en un buen restaurarte, pero Ana ha decidido organizar una fiesta.
El señor Oliva: va a comer y ver la televisión. Le gustaría pasar las fiestas en las Canarias pero no puede porque sus hijos le llaman a medianoche.

13b 1. El solsticio de invierno. 2. La familia cena junta y se come generalmente pavo o pescado. 3. Se hacen inocentadas. 4. Porque reciben regalos. 5. El 6 de enero.

22 Ferias e ilusiones

1 1. rebajas; 2. mercadillo; 3. artesanía; 4. lana; 5. hecho a mano; 6. originales

2 **Intrusos:** 1. frenar (es el único verbo); 2. trueque (no es vocabulario de «banco»); 3. carrito de la compra (no está en casa); 4. vidente (es la única palabra que se refiere a persona); 5. humanos (es la única palabra que no va con medio ambiente)

3 1. voy, vienes, voy, traes; 2. llevo, vamos, llevo/traigo; 3. traer, llevar

4 1. es, está, tiene, cuesta; 2. tienen, corte, dé; 3. guste, quiera, sea, hable; 4. lea, tengas; 5. hagan, sean, puedan

5 1. habrá; 2. seremos; 3. viviremos; 4. podrán; 5. Faltará; 6. nos moveremos; 7. cambiarán, harán, servirán

6 1. f; 2. d; 3. a; 4. b; 5. c; 6. e

7 **Ejemplos:** Viajaremos al planeta Marte. Habrá enfermedades nuevas. Viviremos en casas inteligentes. Algunas especies animales ya no existirán.

8a 1. Toda la familia se mudará a la Ciudad de México. 2. El padre se comprará un coche nuevo. 3. La madre trabajará en un perodico de la capital. 4. Los gemelos empezarán a estudiar en la universidad. 5. La hija menor irá de viaje a Mérida con la escuela.

8b **Ejemplos:** Haré mucho deporte. Cambiaré de trabajo. Viajaré a Perú. Aprenderé ruso.

9 1. habrá; 2. estará; 3. ganará; 4. llegará

10 a. lloverá, hará, serán suaves; b. tendrá, será, bajarán; c. mirará, gustaré, pensará, hablará

11b 1. La Feria de las alasitas es muy especial porque se venden «ilusiones». 2. Hay que comprar pequeñas figuras, dejarlas sahumar y bendecir y luego esperar un año. 3. Se pueden encontrar amuletos y se puede consultar el futuro.

Hörtexte

1 ¡Hola a todos!

2 1. + ¿Quién es usted? – Soy Teresa Ramos Villena.
2. + ¿De dónde eres? – Soy de Madrid.
3. + ¿Es usted de Suiza? – Sí, soy de Suiza, de Berna.
4. + ¿Sois de Austria? –/* No, somos de Alemania.
5. + ¿De dónde son ustedes? – Yo soy de Perú y el señor Allende es de Chile.

5 La Coruña, La Habana, Chile, Mallorca, Honduras, Sevilla, España, Guatemala, Caracas, Argentina, Navarra, Gijón, Bogotá, Perú, Costa Rica, Chihuahua

6b 1. + ¡Hola! Yo soy María. ¿Cómo te llamas? – Me llamo Carlos. + ¿Y de dónde eres? – Soy de Barcelona. ¿Y tú? Eres de Madrid, ¿verdad? + No, soy de Toledo.
2. +¡Buenas tardes! Yo soy María Sánchez. Y usted, ¿cómo se llama? – Mucho gusto. Me llamo Pablo Gutiérrez. + ¿Y de dónde es usted? – Soy de Bilbao. + Ah, yo también soy de Bilbao.

2 De tapas

1 1. + ¡Hola, Rebeca! ¿Qué tal? – Pues como siempre. ¿Y tú? + Muy bien. Mira, este es Markus, un amigo de Berlín. – Hola, ¿qué tal?
2. + Buenos días, Elvira. – Buenos días, doctor Medina. + Bueno, a ver … ¿cómo está hoy? – Pues mal, ¡muy mal!
3. + ¡Hola, Miriam! – ¡Hombre, Antonio! ¿Qué tal? + Bien, bien, ¿y tú? ¿Cómo estás? – Pues yo, regular, ¿sabes? Es que …
4. + ¡Buenas tardes, señora Vargas! ¿Cómo está? – Bien, bien. ¿Y usted?
+ Pues bien, pero con mucho trabajo, como siempre.

3 Profesiones

12 1. 12, 2. 887606, 3. 28, 4. 6647698321

13 6, 13, 89, 58, 70, 61, 32, 18, 47, 21, 95, 30

5 Lugares del mundo

2 1. +Es un lugar muy conocido de Madrid: el Retiro. Está en el centro de la ciudad. En este parque hay un monumento con una estatua del rey Alfonso XII. Delante del monumento hay un lago. Hay muchos árboles y mucha gente que pasea o hace deporte.
2. Buenos Aires es la capital de Argentina. Está en la costa del Río de la Plata. Es una ciudad grande y activa, y tiene mucho tráfico. Aquí ves una foto de la Avenida 9 de Julio con sus grandes edificios modernos y el famoso obelisco: uno de los símbolos de la ciudad.

13 1. El viernes vamos a Barcelona. Barcelona es una ciudad fantástica. Está en el este de España, en la costa. Es muy grande y cosmopolita. Hay mucha vida cultural y monumentos muy famosos, como, por ejemplo, la Sagrada Familia, una catedral del arquitecto Antonio Gaudí.
2. Nicole y su novio van a Santiago de Compostela. Santiago está en Galicia, en el norte de España. Van a visitar la famosa catedral románica, la universidad y el casco antiguo de la ciudad. Santiago es una ciudad histórica y muy interesante.

9 Viviendas

3a + ¿Y cómo es la habitación? ¿Está amueblada?
– Sí, sí, está amueblada. Hay una alfombra y a la derecha una cama. Junto a la cama hay dos mesillas de noche con lámparas. Enfrente de la cama hay una ventana grande. Es una habitación luminosa.
+ ¿No hay armario?
– Sí, está al fondo. Es muy viejo. Ah, y al lado del armario hay un sillón.
+ ¡Qué bien!

10 De viaje

4 1a. Compro recuerdos para toda la familia.
1b. Compró un sombrero mexicano.
2a. No llevó el pasaporte.
2b. Llevo a los amigos a casa.

8 Periodista: Miguel, ¿dónde pasasteis tú y Mónica las últimas vacaciones? ¿Fuisteis a algún sitio u os quedásteis aquí en Canarias?
Miguel: Pues pasamos unos días en Barcelona. Salimos el 10 de octubre, un jueves, para el Prat, que es el aeropuerto de Barcelona. El viaje duró cuatro horas. Nos alojamos en el apartamento de una amiga que vive allí.
Periodista: ¿Y qué hicisteis allí?

Miguel: Llegamos bastante tarde, por eso el primer día no vimos nada. El viernes nos levantamos pronto y fuimos a visitar la Sagrada Familia. También vimos otros edificios de Gaudí como el Parque Güell o la Casa Milá. Nos gustaron mucho. El sábado fuimos al Museo Picasso, que es impresionante. Me encantó. El domingo fuimos al Parque Natural de la Montaña de Montserrat y por la noche salimos por el Barrio Gótico, que es un sitio muy típico para tomar una cerveza. Al día siguiente, el 14 de octubre, tomamos el avión de vuelta para Gran Canaria. Fueron unas vacaciones estupendas. ¡Y muy baratas!
Mónica: Sí, fue fantástico.

11 ¡Vamos de boda!

7
1. Aquí ahora, en enero, es verano y hace bastante calor. Hace 35 grados, ¡imagínate!
2. Hoy llueve mucho, como todos los días este mes. Es la temporada de lluvias, pero frío no hace.
3. Hoy hace un día muy bueno, la temperatura es muy agradable, 22 grados, y hace sol.
4. Tenemos mucha nieve y hace bastante frío, como dos grados, más o menos, pero no importa, ¡me encanta la nieve!

12 ¿Tienes algún hobby?

9
1. + Y ustedes, ¿van muchas veces a los parques de diversiones?
   – ¡No, qué va! Es que no tenemos coche y los parques están lejos del centro.
   + ¡Ah! ¿Entonces necesitan mucho tiempo para llegar aquí?
   – ¡Más de una hora!
   + Bueno, pero los niños se divierten mucho, ¿no?
   – ¡Claro! Por eso estamos aquí.
   + Pues, gracias por su información y buenas tardes.
2. + ¿Qué tal, le gusta el parque?
   – Hum … La verdad es que creo que es muy peligroso.
   + ¿Peligroso? Pero si en este parque no hay peligro.
   – No sé, no sé. Esos toboganes tan altos … ¡y las torres y las tirolinas!
   + Pero, señor, no pasa nada.
3. + Y, a usted, señora, ¿qué le parece el parque?
   – Pues, todo está bien, pero yo esperaba más lugares verdes, más naturaleza.
   + Bueno, pero hay árboles grandes, ¿no?
   – Sí, sí, pero pocos.
4. + ¿Y vosotros? ¿Con quién estáis aquí?
   – Con mi familia y con unos amigos.
   + ¿Y qué tal? ¿Os divertís?
   – ¡Sí, claro!
   + ¿Y hay algo que no os gusta?
   – Sí, que siempre hay que esperar mucho, ¡hay tanta gente!
5. + ¿Qué le parece el parque?
   – Pues, no sé … es todo muy caro aquí. No son solo las entradas. Los niños tienen que beber mucho.
   + ¿Cuánto cuesta aquí una bebida?
   – Pues, 3 o 4 euros.
   + ¡Uf, qué barbaridad!

15 ¿A qué te dedicas?

3
1. + SOS, Servicio de Ordenadores Sánchez. Puede dejar un mensaje después de la señal.
   – ¡Hola! Llamo de Casa Prado. Tenemos un problema con el ordenador: no podemos abrir los archivos. Es muy urgente. ¿Nos llaman, por favor?
2. + SOS, Servicio de Ordenadores Sánchez. Puede dejar un mensaje después de la señal.
   – Soy José Lozada, de la empresa «Chocolatino». Tengo problemas con el ordenador, no sé qué es lo que pasa. Se ha bloqueado todo y no sé qué hacer. Espero su llamada. Puede llamarme hasta las 12 de la noche. ¡Adiós y gracias! ¡Ah! Mi móvil es el 659 697 165.
3. + SOS, Servicio de Ordenadores Sánchez. Puede dejar un mensaje después de la señal.
   – Soy la señora Rozas, de la calle Balcarce. En este momento no puedo acceder a Internet. Ya he llamado a Telefónica, pero ellos dicen que la conexión está bien. ¿Puede pasar esta tarde por aquí, por favor? Hasta luego y gracias.

18 ¡Qué noticia!

2 1. – Mira, en el periódico dice que hay una exposición de Picasso y Dalí. ¿Por qué no vamos?
+ ¿Una exposición de Picasso y Dalí?
– Sí, en el Museo Reina Sofía. ¿Te apetece ir?
2. – Y continuamos con más noticias del mundo. Siguen los problemas en la frontera entre India y Pakistán. Los gobiernos de los dos países dicen que no desean un conflicto pero han aumentado el número de soldados en la zona. Representantes de la ONU han viajado a Nueva Delhi y a Islamabad para intentar encontrar soluciones.
3. – Mira, aquí dice: «Se necesita cocinero para restaurante». ¿Por que no envías un currículum?
+ ¡A ver! ¿Dónde?
– En el Restaurante El Gallo.
+ Pues los voy a llamar ahora mismo.

19 La meta es el camino

9 2. Salga hacia la derecha, por la ruta 66.
3. Cruce la carretera Mella y vaya por la autopista Nordeste.
4. Tome la segunda calle, es la autopista José María Cabral.
5. Siga todo recto hasta el semáforo. Su objetivo está allí, a la derecha.

20 Salud y emociones

10 Médico: Buenas tardes, señor Mancilla.
Sr. Mancilla: Hola, doctor.
Médico: ¿Qué le pasa?
Sr. Mancilla: Tengo un dolor de cabeza terrible y me siento muy cansado.
Médico: ¿Desde cuándo se siente así?
Sr. Mancilla: Desde ayer.
Médico: Y, ¿ha tenido fiebre?
Sr. Mancilla: Creo que no, pero tampoco tengo ganas de comer.
Médico: ¿Ha bebido mucho alcohol?
Sr. Mancilla: Hum, unos mojitos, pero hoy he descansado todo el día en la playa.
Médico: Usted está deshidratado. Le aconsejo no tomar el sol y beber mucha agua.
Sr. Mancilla: ¿Es algo grave doctor?
Médico: No, esta noche va a estar mejor, beba muchos zumos, pero no alcohol. Quédese hoy en casa y descanse.
Sr. Mancilla: Vale. Muchas gracias, doctor.
Médico: Adiós y cuídese.

21 ¡Muchas felicidades!

10 1. + ¡Hola, Carla! ¿Qué tal? ¿Qué vas a hacer en Nochevieja? ¿Quieres venir a mi casa? Hago una fiesta de disfraces. ¡Va a ser genial!
– ¡Uf! Ya tengo cinco invitaciones, pero gracias.
+ ¿Cinco fiestas? ¡Qué suerte tienes, chica! ¿Y a cuál vas a ir?
– Pues, la verdad, no tengo ganas de ir a ninguna. Preferiría trabajar esa noche. ¡Pagan muchísimo!
+ Pero Carla, no puedes hacer eso. ¡Hay que divertirse un poco!
– Sí, ya lo sé. Voy a ir a la fiesta de Rosa. Se lo prometí y, si no lo hago, se va a enfadar.
2. + ¡Ah, Luis, qué sorpresa! Iba a llamarte estos días para invitarte a celebrar juntos este Fin de Año.
– ¡Qué casualidad! Yo también iba a llamarte. Bueno, suerte que nos encontramos, ¿no?
– Pues, mira, Ana y yo vamos a celebrar la Nochevieja en el piso nuevo. ¿Por qué no vienes?
+ Vale, buena idea. Pero ¡qué milagro! ¿Tú vas a hacer una fiesta?
– Pues, sí, es idea de Ana. A mí me gustaría más cenar tranquilos en un buen restaurante y después escuchar música y estar los dos solos … pero ella ha decidido organizar una fiesta.
3. + ¿Cómo vais a celebrar la Nochevieja?
– Pues, como todos los años: con una buena comida, un poco de televisión y después, ¡a la cama!
+ Pero ¿no vais a esperar a la medianoche y ver los fuegos artificiales?
– ¡Qué va, en nuestro pueblo no hay nada de eso! En realidad, yo preferiría pasar las fiestas en las Canarias, tomando el sol.
+ ¿Y por qué no os vais de vacaciones unos días?
– Es que a medianoche llaman nuestros hijos. Ya es tradición, ¿sabes? Y claro, es bonito hablar con ellos. Es casi un ritual.

Audio

Track	Übung	Seite
1	Nutzerhinweis	
Unidad 1		
2	Übung 2	7
3	Übung 5	8
4	Übung 6b	8
Unidad 2		
5	Übung 1	12
6	Übung 6	14
Unidad 3		
7	Übung 7b	19
8	Übung 12	20
9	Übung 13	20
Unidad 4		
10	Übung 6	23
Unidad 5		
11	Übung 2	26
12	Übung 6	27
13	Übung 13	29
Unidad 6		
14	Übung 4a	30
Unidad 7		
15	Übung 4	34

Track	Übung	Seite
Unidad 9		
16	Übung 3a	42
17	Übung 5a	43
Unidad 10		
18	Übung 4	47
19	Übung 8a	48
Unidad 11		
20	Übung 7	51
Unidad 12		
21	Übung 9	56
Unidad 15		
22	Übung 3	66
Unidad 18		
23	Übung 2	78
Unidad 19		
24	Übung 9	83
Unidad 20		
25	Übung 10	89
Unidad 21		
26	Übung 10	92

Studio: Clarity Studio Berlin
Regie und Aufnahmeleitung: Susanne Kreutzer und Klaus Kowatsch
Tontechnik: Pascal Thinius und Christian Marx

Sprecherinnen und Sprecher: Rosa Casals, Carmen Álvarez, Laura Iglesias, Gracia Úbeda, Cristina Cubas, Beate Pfeiffer, Ester Cruz, Darinka Ezeta, Roxana Carmona, Jaime González, Jesús del Olmo, Simon Zkórenblut, Luis Ruiz, Victor Oller, Guillem Sans, Manuel Sánchez, Ane Nicolás-Rodríguez, Emili Vinagre, Alejandro Lorente, Chusa Lanzuela, Cristina Gleinig, Juan Carlos Hernández, Hochiminh Álvarez, Nicole Fröhlich, Lucía Palacios.

Bildquelle

Cover Fotolia/Chlorophylle – **S. 4** *1* Fotolia/contrastwerkstatt; *2* Fotolia/pilipphoto; *3* Fotolia/Burlingham; *4* Fotolia/Fulcanelli; *5* Fotolia/mrks_v; *6* Fotolia/slavun; *7* Fotolia/Konstantin Yuganov; *8* Fotolia/Nagel's Blickwinkel – **S. 5** *9* Fotolia/fotogestoeber; *10* Fotolia/jgtrb; *11* Fotolia/lev dolgachov; *12* Fotolia/Lel Soleil; *13* Fotolia/Byelikova Oksana; *14* Fotolia/Hortigüela; *15* Fotolia/full image; *16* Fotolia/Joana Lopes – **S. 6** *17* Fotolia/mimagephotos; *18 Fotolia*/Andrey Starostin; *19* Fotolia/Grafvision; *20* Fotolia/bofotolux; *21* Fotolia/maglara; *22* Fotolia/Michel Piccaya – Piccaya sprl – **S. 7** Fotolia/contrastwerkstatt – **S. 14** Fotolia/pilipphoto – **S. 15** Fotolia/contrastwerkstatt – **S. 16** Fotolia/carpaumar – **S. 17** *2a* Fotolia/photographee.eu; *2b* Fotolia/Burlingham; *2c* Fotolia/Kzenon; *2d Fotolia*/TonyRecena; *2e* Fotolia/Francesco83; *2f* Fotolia/Javier Sánchez Mingorance; *3a* Fotolia/Robert Kneschke; *3b* Fotolia/Tyler Olson; *3c* Fotolia/David Pereiras; *3d* Fotolia/Andrey Popov – **S. 19** Fotolia/Kurhan – **S. 21** Fotolia/Nyky – **S. 25** Fotolia/Fulcanelli – **S. 26** *a* Fotolia/Tono Balaguer; *b* Fotolia/MF; *c* Fotolia/roberaten; *d* Fotolia/mrks_v – **S. 27** Fotolia/Lotharingia – **S. 28** *oben* Fotolia/JCT; *unten* Fotolia/Fotos 593 – **S. 29** *oben links* Fotolia/Mapics; *oben rechts* Fotolia/evarecimil; *Mitte* Fotolia/jjmillan – **S. 30** Fotolia/slavun – **S. 34** Fotolia/Konstantin Yuganov – **S. 37** *links* Fotolia/Barriocanal; *rechts* Fotolia/nito – **S. 40** Fotolia/Bruno Birkhofer Photography – **S. 41** Fotolia/Nagel's Blickwinkel – **S. 42** *oben* Fotolia/Fotowerk; *unten* Fotolia/fotogestoeber – **S. 43** *von oben nach unten*: *1* Fotolia/eldeiv; *2* Fotolia/Brad Pict; *3* Fotolia/Mik Man; *4* Fotolia/www.danmirica.ro; *5* Fotolia/Byelikova Oksana; *6* Fotolia/Mathieu Thollet – **S. 45** Fotolia/adwo – **S. 46** Fotolia/jgtrb – **S. 47** Fotolia/joserpizarro – **S. 48** Fotolia/Sazonov Vladimir – **S. 49** *oben rechts* Fotolia/Juulijs; *Mitte links* Fotolia/Emmanuelle Combaud; *Mitte rechts* Fotolia/Anna Omelchenko – **S. 53** Fotolia/lev dolgachov – **S. 54** *oben* Fotolia/Iakov Filimonov; *Mitte* Fotolia/txakel; *unten* Fotolia/Lel Soleil – **S. 57** Fotolia/www.ChristianSchwier.de – **S. 61** *links* Fotolia/danimarco; *rechts* Fotolia/Byelikova Oksana – **S. 63** Fotolia/Vetshev Boris – **S. 65** *von oben nach unten*: *1* Fotolia/Jörg Werschnitzky; *2* Fotolia/Hortigüela; *3* Fotolia/Katrin May; *4* Fotolia/Neissl – **S. 66** *1a–c* Fotolia/PHOTOMORPHIC PTE. LTD.; *1d* Fotolia/jd-photodesign; *1e* Foto/Juris Sturainis; *1f* Fotolia/Manuela Fiebig; *1g* Fotolia/Coprid; *1h* Fotolia/Natalia Merzlyakova; *1i* Fotolia/Halfpoint; *1j/k* Fotolia/Denis Dryashkin; *1l* Fotolia/lolostock.com; *1m* Fotolia/Piktoworld; *1n* Fotolia/jannystockphoto – **S. 67** Fotolia/highwaystarz – **S. 69** Fotolia/full image – **S. 70** *oben* Fotolia/lev dolgachov; *unten* Fotolia/Joana Lopes – **S. 72** Fotolia/lev dolgachov – **S. 74** Fotolia/Antonio Gravante – **S. 77** Fotolia/mimagephotos – **S. 79** Fotolia/Andrey Starostin – **S. 81** *oben* Fotolia/joserpizarro; *unten* Fotolia/hiphoto39 – **S. 82** *1a* Fotolia/thomas haltinner; *1b* Fotolia/Christopher Pahl; *1c* Fotolia/Kenishirotie; *1d* Fotolia/Raik Schneider; *1e* Fotolia/PachiS; *1f* Fotolia/Kalinovsky Dmitry; *1g* Fotolia/Antonioguillem; *1h* Fotolia/Giuseppe Blasioli – **S. 84** Fotolia/Andrey Popov – **S. 85** Fotolia/Grafvision – **S. 89** *von links nach rechts* *1* Fotolia/katrinshine; *2* Fotolia/Constantinos; *3* Fotolia/mates; *4* Fotolia/bofotolux; *5* Fotolia/Barbara Neveu – **S. 92** Fotolia/maglara – **S. 93** Fotolia/anayupariam – **S. 96** *oben* Fotolia/marcolavagnini; *unten* Fotolia/Alberto Grosescu – **S. 97** *von oben nach unten*: *1* Fotolia/RioPatuca Images; *2* Fotolia/Brad Pict; *3* Fotolia/paolofusacchia; *4* Fotolia/Michel Piccaya – Piccaya sprl

Bildleisten: S. 4–6/38–41/82–85 Fotolia/vulcanus – **S. 7–11/54–61** imago/imagebroker – **S. 12–16** action press – **S. 17–21/62–65** Fotolia/ale_rizzo – **S. 22–25/66–69** Fotolia/friday909 – **S. 26–29/72–73** Fotolia/volk1945 – **S. 30–33/74–77** Fotolia/Mariusz Blach – **S. 34–37/78–81** Fotolia/Stefano Alberti – **S. 42–45/86–89** Fotolia/erika8213 – **S. 46–49/90–93** Fotolia/Ivan Sedlak – **S. 50–53/94–97** Fotolia/peangdao